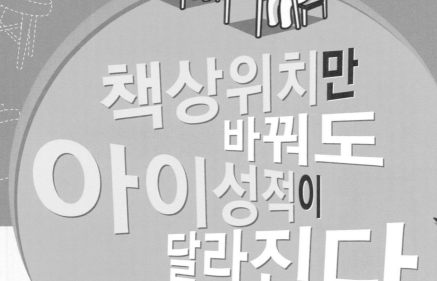

그동안 몰랐던 학습환경의 모든 것!

공부가 술술 잘 되는 공부방 이렇게 만든다

책상위치만 바꿔도 아이성적이 달라진다

임한규·정윤호·강우리 지음

박철민 그림

생각나눔

레게의 전설인 밥 말리는 이런 명언을 남겼습니다.

"행복은 숫자에 대입하면 불행해질 수밖에 없다."

우리 아이들은 '100점'이라는 숫자에서 행복을 찾고 있습니다. 아직 100에 도달하지 못한 아이는 100을 얻기 위해, 100을 얻은 아이는 지키기 위해 밤늦은 시간에도 학원으로 향합니다. 그러는 동안 공부방의 책상은 주인을 잃은 채 자리를 지키고 있습니다.

어떤 집이든 아이가 학교에 들어가며 처음으로 책상을 구입했을 때의 설렘을 기억하고 있을 것입니다. 앉은뱅이 책상에서 의자도 없이 공부하다가 책장과 세트로 된 원목의 일체형 책상에 처음 앉아서 새로 깎은 연필로 공부했을 때, 새로운 세상을 알아가는 기쁨은 오롯이 나의 것이었습니다. 하지만 그 기쁨이 강요로 바뀌면서 공부방은 나에게 더는 친한 공간이 아니라 한시라도 떨어져 있고 싶은 사이 나쁜

친구가 되어버렸습니다.

　'무엇이 문제일까?' 이 책은 그 고민으로부터 시작됩니다. 분명히 어렸을 때는 귀찮을 정도로 "그건 왜 그래?"를 달고 다녔던 아이인데, 자기 전이면 책을 읽어달라고 졸랐던 아이인데, 자신만의 공부방이 생겼을 때 진심으로 행복해했던 아이인데, 왜 지금은 공부방과 멀어져버린 것일까요? 이 책 한 권이 답이 될 수는 없겠지만, 아이 공부방의 문제점을 고민하고 긍정적인 변화를 시작하는 시발점이 되기를 진심으로 바랍니다.

"아이 성적을 위해서라면
　　　　돈이 얼마나 들더라도 해주고 싶어요."

　대치동에 거주하는 한 학부모와 사석에서 이야기를 주고받다 나온 이야기이다. 그 학부모는 고등학교에 재학 중인 아이의 성적 향상을 위해 몇 회에 수백만 원에 달하는 학습 코칭을 받는 것조차 아까워하지 않는 듯 보였다. 비단 그 학부모뿐만이 아닐 것이다. 대한민국 대부분의 학부모님들이 자녀가 명문 대학에 입학하고 좋은 직장에 취직할 수만 있다면 기꺼이 비싼 사교육비를 지불하는 것을 마다하지 않을 것이다.

　나는 정리 컨설턴트로 1,000여 곳이 넘는 가정을 컨설팅하였다. 하지만 아이의 공부방을 위해 특별히 정리 컨설팅을 요청하는 고객은 만나기 어려웠다. 아이가 자신의 물건을 정리하지 않는다고 고민을 토로하는 의뢰인들은 많지만, 부모의 물건과 가족 공용 공간에 대한 정리조차 어려움을 겪는 사람들이 아이의 공부방 정리를 위해 특별한 관심을 두기는 어려운 것이 사실이다. 그래서 가끔 비싼 사교육비를

지불하는 시간과 돈, 정성의 일부분이라도 아이의 학습 환경에 관심을 가진다면 아이의 미래는 달라지지 않을까 하는 생각을 하곤 한다.

미국의 하버드대학교, 일본 동경대학교의 기숙사 사진을 본 적이 있다. 그 사진들을 보면서 '명문대학교 학생들의 방은 공부에 집중할 수 있는 환경이구나.' 하는 생각을 하였다. "아이의 인생을 결정하는데 20%는 부모 책임이다."라는 말이 있다. 아이에게 쏟는 관심의 20%는 온전히 아이의 공부환경에 쏟았으면 한다.

『10초 아침 청소 습관』의 저자인 일본의 습관 컨설턴트 이마무라 사토투는 "방은 당신의 미래를 보여 준다."라고 말하였다. 내가 많은 집을 컨설팅하며 알게 된 사실은 방은 과거와 현재를 보여줄 뿐 아니라 미래까지도 결정한다는 것이다. 아이의 방 또한 마찬가지다. 아이를 둘러싼 학습 환경은 아이의 미래를 결정하는 데 큰 영향을 준다.

『책상위치만 바꿔도 아이 성적이 달라진다』 책의 추천사를 부탁받

앉을 때 강의와 컨설팅으로 바쁜 와중에서도 흔쾌히 추천사를 허락할 수 있었다. 그것은 정리 컨설팅 대표로 수많은 컨설팅을 해오면서 그동안 대한민국의 수많은 학부모님들에게 이러한 책이 있었으면 하는 생각이 들었기 때문이다. 아이의 공부환경을 위한 핵심적인 필수요소들이 이해도를 높이는 일러스트와 함께 구성되어 있어 부담 없이 읽을 수 있을 것이다. 이 책을 읽고 많은 분들이 아이의 학습 환경 정리에 도움을 얻길 기대한다.

윤선현

- 정리 컨설턴트
- (주) 베리굿정리컨설팅 대표
- 『하루 15분 정리의 힘』 저자

프롤로그
추천사

Part 1

공부 잘하는 아이의 공부방에는
비밀이 숨겨져 있다

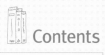 Contents

Part 2

우리 아이 공부 잘하게 하는
색상은 따로 있다

Part 3

집중력 높은 아이에게는
특별한 비법이 있다

Contents

Part 4

엄마가 제대로 알고 행하면
아이는 변한다

에필로그

Part 1.

공부 잘하는 아이의 공부방에는 비밀이 숨겨져 있다

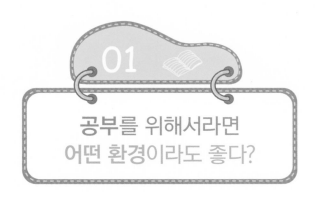

공부를 위해서라면
어떤 환경이라도 좋다?

조선 시대 어느 날 영조는 아들인 사도세자를 뒤주에 가둬버립니다.

아버지~ 제발~!

쾅!

쾅!

쾅!

뒤주 안은 좁은 공간으로 사람이 살아갈 수 없는 환경이지요.

얼마 뒤 뒤주 안에서 사도세자는 굶어 죽게 됩니다.

공부환경을 이야기하는데 왜 갑자기 사도세자의 뒤주 이야기냐고요? 바로 사도세자의 뒤주가 연상되는 '스터디룸 부스' 때문입니다.

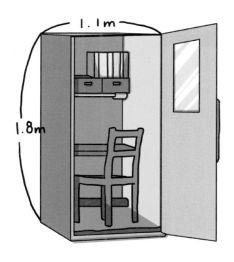

스터디룸 부스는 가로 1.1m 세로 1.8m밖에 되지 않는 작은 공간으로 성인이 들어가면 불편함을 느낄 수 있는 크기입니다. 부모가 아이를 가둬 죽을 때까지 공부시킨다는 이야기가 나올 정도이지요.

300만 원이나 되는 고가의 가구이지만 주변이 보이지 않아 집중력을 높여줄 수 있고 나무가 주는 상쾌함 때문에 도움이 된다며 유행을 타고 판매되고 있습니다.

집중력이 부족하고 산만한 자녀의 학습 집중력을 높이려는 부모님들이 지푸라기라도 잡는 심정으로 구매했을지도 모르겠습니다.

하지만 우선 우리 아이가 스터디룸 부스와 같은 좁은 공간에서도 안정적이고 집중력을 높일 수 있는 성향인지 알아봐야 합니다. 어떤 아이에게는 스터디룸이 집중력을 높이는 데 도움이 될 수도 있겠지만, 답답함을 느껴 집중하지 못하는 아이도 많기 때문이죠. 한시적으로 좁은 곳에 있을 때는 안정감을 느낄 수도 있지만, 오랜 시간 좁은 공간에 있으면 심리적으로 부정적인 영향을 받을 수밖에 없습니다.

집중은 잘 될지 모르겠지만, 마음을 활짝 열고 살아가야 하는 아이들에게 오히려 폐쇄된 마음을 심어줄 수도 있지요.

따라서 아이의 성향이나 심리상태를 고려하지 않은 채 책상이나 의자 등 가구를 구입하거나 공부방 환경을 조성하지 마세요. 우리 아이에게 맞는 공부환경은 따로 있으니까요.

우리 아이에게 맞는 환경을 조성해주자

크게 틀어놓은 음악과 사람들의 대화 소리, 불편하고 딱딱한 의자. 공부와는 거리가 멀어 보이는 커피전문점엔 커피를 즐기는 사람들보다 책이나 컴퓨터를 보며 일이나 공부에 집중하는 사람들이 더 많습니다. 이렇게 약간의 소음과 함께 탁 트인 커피전문점에서 공부가 잘되는 사람이 있고 조용한 도서관에서 집중할 수 있는 사람도 있습니다. 사람의 성격이 다르듯 그에 맞는 공부환경이 다릅니다. 각자의 성격이나 특성에 맞춘 공부환경을 조성해주세요.

02 기억력을 높여주는 불편한 환경

인테리어 업체의 전시장에 가보면 편안하게 잘 꾸며진 공부방 인테리어를 볼 수 있는데요. '우리 아이 공부방도 저렇게 꾸며주면 공부를 잘할 수 있을 텐데…'라고 생각해보신 적 있으시죠?

하지만 비싼 인테리어 비용에 공부방 꾸미기를 포기하는 부모님도 많습니다.

때로는 큰 맘 먹고 많은 비용을 들여서 아이의 공부방을 바꿔주기도 합니다. 그리고 열심히 공부하는 아이의 모습을 기대하죠.

보통 부모님들은 아이의 공부방을 꾸밀 때 편안한 환경을 조성해주기 위해 많은 노력을 하는데요. 편안한 공부방이 아이의 집중력에 마냥 좋기만 한 것은 아닙니다.

학교 교실을 살펴볼까요? 불필요한 공간은 찾아볼 수 없고 책과 노트, 간단한 필기구만 올려놓을 수 있는 딱딱한 나무 책상과 의자가 있지요. 학교뿐만 아니라 학원도 마찬가지인데요. 아이들은 이런 환경에서도 오랜 시간 의자에 앉아서 공부를 합니다.

하지만 푹신한 의자와 편안한 책상이 있는 자신의 공부방에서는 오랫동안 집중해서 공부하는 모습을 보기가 어렵습니다. 그 이유는 편안한 공부방에서는 아이가 긴장감을 느끼지 못하기 때문인데요. 오히려 불편한 공부방이 아이의 집중력과 기억력을 높여줍니다.

불편함은 우리를 긴장상태에 놓이게 합니다. 이러한 긴장상태는 교감신경을 자극하여 에피네프린과 노르에피네프린이라는 호르몬을 분비시킵니다. 이러한 호르몬 분비 과정에서 편도체가 활성화되는데요. 이 편도체가 기억에 정서와 감정을 입히는 역할을 합니다.

기억이 정보로만 존재하면 시간이 지남에 따라 쉽게 잊어버리게 됩니다. 기억에 정서와 감정이 입혀지면 오랫동안 잊히지 않습니다. '불은 뜨겁다', '얼음은 차갑다'와 같은 느낌은 복습을 하지 않아도 한 번의 기억이 평생을 가는 것과 같은 이치입니다. 이러한 정서상의 기억을 편도체가 돕습니다. 공부도 마찬가지로 공부한 내용에 정서와 감정을 입히면 오랫동안 기억할 수 있게 되지요.

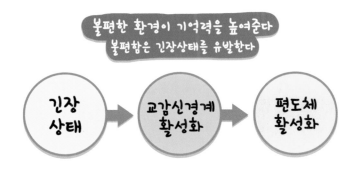

불편한 환경에서 공부할 때 아이는 약간의 긴장상태에 빠지게 되고 이 긴장상태로 인해 활성화되는 편도체가 공부하는 내용을 좀 더 잘 기억할 수 있도록 도와주는 것입니다. 편도체를 활성화시키려면 약간의 스트레스가 필요합니다. 그래서 어느 정도 불편한 환경에서 공부를 해야 하는 것이지요.

불편한 환경에서 공부하는 것은 긴장상태를 유지시켜주고 이로 인해 학습한 내용을 좀 더 잘 기억할 수 있도록 도움을 준다는 사실!

물론, 공부하는 자리 이외의 공간은 편안함을 느낄 수 있도록 꾸미는 것도 매우 중요합니다.

비싼 돈을 주고 편안하고 기능 많은 가구를 사지 않으셔도 됩니다.

다소 불편할 수 있는 환경을 조성해 주시는 것이 좋아요.

 짧은 스트레스는 면역력을 강화시키고 암도 막는다!

스트레스가 없는 세상. 생각만 해도 즐겁기만 한데요. 그런데 스트레스가 없다면 오히려 질병이 걸릴 수 있다는 사실 알고 있나요? 미국 스탠퍼드대학 암센터의 퍼더스 다바르 교수팀은 짧은 스트레스를 여러 번 받은 쥐들은 그렇지 않은 쥐들보다 자외선 노출 시 피부암도 덜 생기고 암 크기도 작다는 연구결과를 발표했지요. 즉, 적당한 스트레스는 몸 안의 면역력을 강화해 암을 억제한다는 것입니다. 하지만 스트레스를 지속적으로 장기간 받으면 면역력이 떨어지기 때문에 중간중간 휴식을 통해 스트레스를 해소해주어야 합니다.

03 📖

공부장소 찾아
삼만리?

9살의 소년 마르코는 돈을 벌기 위해 떠난 엄마를 찾아 여행을 나서고 결국, 오랜 여행 끝에 엄마와 함께 고향으로 돌아오는데요.

우리 아이들도 마르코와 같은 마음으로 집중이 잘되는 공간을 찾기 위해서 학교, 도서관, 독서실, 공부방 등을 찾아다닙니다.

아이가 공부할 공간을 찾아 마르코처럼 삼만리를 돌아다니지 않도록 집을 공부할 수 있는 공간으로 바꾸어 보세요.

아이의 방을 고립시키지 마세요

보통 아이들은 집에서 공부하는 것을 어려워합니다. 집중을 흐리게 하는 유혹이 많기 때문인데요. 그렇다고 유혹에 빠지지 않게 공부방에만 있도록 한다면 답답한 느낌을 주어 자신의 방을 싫어하게 됩니다.

어린 나이부터 방문을 닫고 혼자 있는 습관을 들인다면 사춘기가 지나면서부터는 스스로 자신을 고립하게 됩니다. 어릴 때부터 방문을 열어놓거나 잠그지 않는 것을 자연스럽게 생각할 수 있도록 도와주세요. 단, 아무 때나 불쑥불쑥 아이의 방에 들어가는 것은 금물입니다! 부모님이 아이의 방에 들어오는 것을 두려워하지 않도록 '방에 들어가도 되니?'라는 질문이나 노크하는 것을 잊지 마세요.

6개월에 한 번은 방 분위기를 바꿔주세요

아이가 자신의 공부방 분위기가 바뀌었다는 것을 느끼게 해주세요. 가구 배치나 소품 하나가 변해도 방 안의 분위기는 바뀌게 되죠. 가끔은 형제자매의 방을 서로 바꿔

주는 것도 좋습니다. 이사한 듯 새롭게 바뀐 방에서 새로운 각오를 다질 수 있습니다.

공부할 수 있는 공간을 여러 곳 만들어주세요

아이가 공부하는 공간은 아이의 공부방만이 아닙니다. 거실이나 주방, 심지어 화장실에서도 공부할 수 있습니다.

공부 잘하는 아이 중에는 한 자리에서 몇 시간이든 집중할 수 있는 아이도 있지만, 다양한 공간으로 옮겨 다니면서 공부하는 아이도 있습니다. 돌아다니며 공부한다고 구박하지 말고 부엌이나 거실, 화장실 등에서도 공부할 수 있도록 환경을 만들어주세요. 거실에는 보조 테이블, 식탁 위에는 간식이 아닌 책을 올려놓고 화장실에는 선반을 놓아두어 책을 꽂아주세요.

　세월을 잊은 꿀 피부만큼이나 엄마들이 바라는, 재촉하지 않아도 스스로 알아서 공부하는 아들, 딸! 공부하는 공간을 바꿔준다면 엄마의 꿈은 현실이 될 수 있습니다.

 화려한 교실 장식이 아이의 공부를 방해한다

　미국 카네기멜론대학교 심리학과 안나 V. 피셔 교수는 교실의 시각적 환경이 아이들에게 어떤 영향을 미치는지 연구를 하였는데요. 장식이 많은 교실과 그렇지 않은 교실로 환경을 조성해 아이들의 학업성취도를 조사한 결과 화려한 장식의 교실에서 테스트한 아이의 학업성취도가 더 낮았습니다. 즉, 화려한 교실의 환경이 공부하는 아이에게 부정적인 영향을 주므로 아이들이 많은 시간을 보내는 공부방 역시 화려한 장식으로 꾸며주는 것은 좋지 않습니다.

04

책상 위치만 바꿔도
아이 성적이 달라진다

아이의 공부방을 꾸밀 때 가장 중요한 것은 책상의 위치입니다.

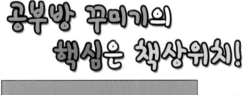

집중력도 높이고 성적까지 향상시킬 수 있는 공부방의 책상배치 요령에 대해서 알아보겠습니다.

책상은 북향으로

　사람은 신체의 온도변화로 인해서 졸음을 많이 느끼는데요. 따뜻한 햇볕은 졸음이 솔솔 오게 합니다. 그렇기에 아이들의 책상은 기운이 맑고 서늘한 북쪽에 두는 것이 좋습니다. 북쪽에 책상을 배치하면 햇빛이 적게 들어와 온도변화가 적어 졸음 예방과 집중력 향상에 도움이 됩니다.

창문을 정면으로 보는 책상 배치는 NO!

공부할 때는 밝은 것이 좋다는 생각에 창가에 책상을 배치하곤 하는데요. 오히려 햇빛 때문에 해가 떠 있는 동안에 눈이 부셔 집중력이 떨어질 수 있습니다. 게다가 햇빛이 눈을 자극해 피로감을 주고 시력도 저하됩니다. (자외선에 피부의 노화까지 덤으로 올 수 있습니다!)

겨울에는 창문 틈으로 들어오는 찬 기운 때문에 감기에 걸릴 수도 있습니다. 또한, 창문으로 풍경을 바라보며 공상에 빠지기도 쉽고 소음에 제일 취약한 곳이기도 합니다.

그래서 책상을 배치할 때는 창문에서 되도록 멀리해주시는 것이 좋아요. 만약 방의 구조상 어쩔 수 없이 창문을 봐야 한다면 블라인드나 롤 스크린을 이용해서 창문을 가려주는 것이 좋습니다.

방문을 등지면 불안감은 높아진다!

아이들이 방문을 보면 '나가서 놀고 싶어지지 않을까?'라는 우려로 방문을 등지고 책상을 배치하는 경우가 많습니다.

하지만 방문을 등지고 책상을 배치하는 것은 좋지 않습니다. 아마 많은 부모님들도 책상에 앉아 있다가 등 뒤에서 문을 여는 소리에 놀란 적이 있을 텐데요. 이러한 경험을 한 번 하게 되면, 본인도 모르게 계속 문에 신경이 쓰이고 자꾸만 뒤를 돌아보게 됩니다.

이는 방문이 본인의 시야에 전혀 닿지 않는 곳에 있다면 누구나 심리적인 불안감을 느끼기 때문입니다. 그러므로 공부방 책상을 배치할 때는 방문을 등지지 않게 배치해주는 것이 좋습니다.

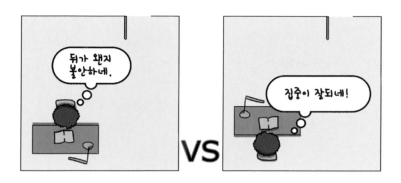

벽을 등지고서 책상을 배치하자

벽이 불필요한 움직임을 막아주기 때문에 벽을 등지고 책상을 배치하면 집중력 유지에 도움이 됩니다.

벽을 등지고 책상을 배치할 때 방문을 정면으로 바라보지 않게 배치해주는 것이 Point!

　　최근 한화건설 '꿈에그린' 아파트는 아이의 특성과 유형을 파악해 공부방 인테리어에 적용했는데요. 집중에 도움이 되는 책상 위치 선정을 비롯해서 스탠딩 책상, 스마트 학습조명 등 아이가 공부하기에 적합한 환경을 조성하였습니다.

　　몸에 딱 맞는 옷이 멋있고 활동하기도 참 좋지요. 공부방 환경도 아이의 특성과 성향에 딱 맞게 조성된 곳이라면 아이의 성적도 훨훨 날아가지 않을까요?

잘못된 공부방 책상 배치

– 출입문을 등지는 것은 NO!

 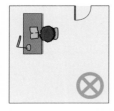 

– 방 중앙에 책상은 NO!   – 출입문을 정면으로 NO!

   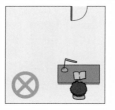

올바른 공부방 책상 배치

– 창문에서는 되도록 멀리 배치하기   – 벽을 등지는 것은 OK!

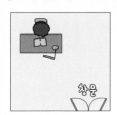   

침대야,
같이 자자

침대에서 편안하게 책을 읽으려고 누웠지만, 나도 모르는 사이 꿈
나라로 빠질 때가 많죠. 침대가 주는 편안함은 강한 의지도 약하게
만드는 것 같습니다.

보통은 책상에 앉아서 공부를 하지만, 침대에 누워 공부하는 습관

을 가지고 있는 아이들도 있습니다. 늦은 시간까지 딱딱한 의자에 온 종일 앉아 있었을 아이를 생각하면 침대에서 책을 보며 휴식을 취하고 싶어하는 마음도 이해가 됩니다. 하지만 자세에도 좋지 않고, 책에 집중도 못한 채 이내 잠들어 버릴 아이가 못 미더운 것도 사실입니다.

아이가 침대에서 공부하는 습관을 가지고 있다면 바꿔주어야 합니다. 필기하기도 어렵고 바른 자세로 책을 들고 있을 수 없어 제대로 된 공부를 할 수 없기 때문입니다.

침대에서 공부하는 습관을 가진 우리 아이 어떻게 하면 바꿔줄 수 있을까요?

우선, 침대의 배치를 바꿔 보세요. 방문을 열면 침대가 바로 보이지는 않나요? 공부 방 문을 열었는데 침대가 가장 먼저 보인다면 아이는 침대의 유혹에서 벗어나기가 힘이 듭니다. 풍수적으로도 침대가 방문의 바로 앞에 위치하는 것은 좋지 않습니다. 또한, 책상에 앉았을 때도 침대가 보이지 않도록 해야 합니다.

침대에서 공부하지 못하도록 벌칙을 정하는 것도 좋은 방법입니다. 침대에서 공부하다가 불을 켜놓고 잠이 들었을 경우 반성의 의미로 다음 날 저녁은 바닥에서 잠을 자는 것과 같은 벌칙을 정하는 것입니다. 중요한 점은, 벌칙을 정하기 전에 아이에게 '침대에서 공부하는 습관은 좋지 않다'라는 것을 명확히 인식시켜줄 필요가 있습니다.

마지막으로 생각해 볼 수 있는 방법은 침대를 없애버리는 것입니다. 허리의 건강을 생각한다면 푹신한 침대보다는 딱딱한 바닥이 더 좋습니다. 잠을 잘 때 이불을 펴고 일어나서는 이불을 개어두기 때문에 책상에 앉아 공부하는 중에는 잠자리가 보이지 않아 졸음의 유혹에서도 멀어질 수 있답니다!

침대를 없애기 어렵다면 접이식 침대를 생각해보세요. 눕기 위해선 일부러 침대를 펼쳐야 하기 때문에 아이가 침대와 더 멀어질 수 있습니다.

책상 앞에 똑바른 자세로 앉아서 공부하는 습관은 공부 잘하는 학생들의 공통적인 습관입니다. 우리 아이 공부 잘하는 아이로 만들기 위해서는 침대의 유혹에서 멀어지게 해주세요.

침대배치 5계명

1. 문에서 가장 멀리 있는 곳에 배치하자
2. 누웠을 때 문이 보이게 배치하자
3. 해가 뜨는 창문가에 배치하자
4. 정중앙에 위치시키지 마라
5. 침대머리가 방문과 마주하지 않게 하자

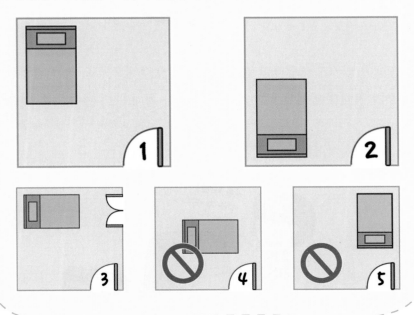

06 공부방에서 없어져야 할 것들

컴퓨터만 붙잡고 있는 남자아이

화장대 앞에서 도통 떠날 생각을 하지 않는 여자아이

공부방에서 없어도 될 컴퓨터나 화장대가 있어서 생기는 모습이지요. 남자아이는 컴퓨터에 중독되기 쉬운데요. 컴퓨터에 중독되면 시간 가는 줄도 모르고 배고픔까지 느끼지 못하니 정말 위험합니다. 컴퓨터는 마약이나 담배처럼 중독되기 쉽기 때문에 남자아이 방에서 꼭 없애야 할 물건입니다.

요즘 우리 아이들은 컴퓨터로 숙제도 하고 공부도 합니다. '정보의 바다'인 인터넷은 잘 활용하면 공부에 큰 도움이 될 수 있지만, 잘못 활용하게 되면 헤어 나오기가 어렵습니다.

연예인 아빠의 영향으로 어렸을 때부터 방송에 출연한 한 학생은 방송 때문에 바쁜 와중에도 평균 80점의 성적은 유지하였는데, 특정 인터넷 게임에 빠지면서부터 40점으로 성적이 곤두박질쳤다는 이야기가 들릴 정도로 컴퓨터의 잘못된 활용이 주는 폐해는 심각합니다.

아이들이 컴퓨터 중독에 빠지지 않게 하기 위해서는 공부방에서 컴퓨터를 퇴출해야 합니다. 퇴출당한 컴퓨터는 거실에 배치하여 부모님의 관심하에 경각심을 가지고 사용할 수 있도록 습관을 들이는 것이 좋습니다.

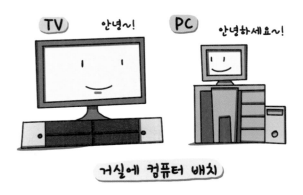

컴퓨터 사용 시간을 정해 놓는 방법도 있습니다. 몇 시부터 몇 시까지 사용 시간을 정해서 사용하는 것인데, 아이의 의지대로 잘 안되면 컴퓨터 중독을 막는 프로그램을 설치하는 것도 좋은 방법입니다. 이러한 프로그램을 활용하게 되면 부모님이 설정한 시간에만 컴퓨터를 사용할 수 있습니다. 정해진 시간이 지나가면 자동으로 컴퓨터가 꺼집니다!

여자아이는 외모에 관심을 많이 가지게 되는데요. 특히, 사춘기가 오면 외모에 신경을 쓰느라 공부에 집중하지 못하게 되는 경우를 많이 볼 수 있습니다. 이런 경우, 아이가 거울을 들고 다니거나 화장대 앞에 앉아 얼굴 보는 데 시간을 많이 허비하게 되는데요. 공부방에

화장대를 배치하게 되면 외모에 대한 집착은 더 심해집니다.

사춘기 때 여자아이가 외모에 관심을 가지는 것은 너무나 자연스러운 일인데요. 외모뿐만 아니라 내면의 아름다움도 잘 가꾸는 것이 중요합니다. 부모님이 먼저 아이의 외모에 관심을 가져주면 외모에 대한 집착은 오히려 줄어들 수 있습니다.

아이의 집중을 방해하는 컴퓨터와 화장대, 이제 아이 방에 두지 마세요!

 컴퓨터 중독을 예방하는 프로그램

- **엑스키퍼**: 자녀의 PC와 스마트폰 사용시간 제어, 유해물 차단, 모니터링을 통해 기기 중독을 예방해주는 프로그램입니다.
- **맘아이**: 유해사이트 차단과 유해 앱 차단은 물론 자녀에게 스스로 일일 사용시간을 설정하여 중독을 예방할 수 있도록 도와주는 애플리케이션입니다.

07

책상 위의 유리는
졸음을 유발한다

우리 집 고양이는 매일 책상 위에서 꾸벅꾸벅 낮잠을 즐깁니다. 고양이가 책상 위에서 자는 것을 좋아하는 특별한 이유가 있을까요?

아이 시원해~ ♥

비밀은 책상 위의 유리에 있습니다. 유리는 나무보다 열전도가 높아서 열기나 냉기를 사람에게 빠르게 전달합니다. 유리를 놓은 책상 위에 올라간 고양이는 유리의 냉기 때문에 신체의 온도변화를 느끼게 되는데요. 신체의 온도가 변하면 근육이 이완되고 온몸이 나른해집

니다. 창문 가에서 낮잠을 잘 때 잠이 더 잘 오는 것도 이와 같은 원리
랍니다!

졸음은 부족한 잠을 보충하려는 생리적 욕구로서 잠에 빠지기 쉬
운 상태를 말합니다. 공부하는 학생들에게는 졸음이 상대하기 어려
운 적이라는 사실! 신체의 온도변화를 일으키는 책상 위의 유리는 졸
음을 유발하게 됩니다.

책상 위의 유리가 공부에 방해가 되는 것은 온도 변화에 따른 졸음만은 아닙니다. 유리는 투명하지만 많은 빛을 반사하기도 합니다. 지하철 유리에 비친 자신의 모습을 보면 거울보다는 선명하지는

않아도 자신의 모습이 흐릿하게 보이는 경험을 해보셨죠? 이는 유리가 빛을 모두 투과시키는 물질이 아니기 때문입니다.

책상 위의 유리는 스탠드의 불빛이나 햇빛을 반사합니다. 이렇게 반사된 빛은 공부하는 아이의 눈에 비추게 되는데, 빛의 자극으로 인해 아이는 피로감을 쉽게 느끼게 됩니다. 눈이 나빠지기도 하고요.

위의 사진에서 보듯이 스탠드의 불빛이나 햇빛이 책상 위의 유리를 통과하지 않고 반사되는 것을 볼 수 있습니다. 이렇게 반사된 빛이 우

리 아이의 집중을 방해하고 있다면 유리는 없애는 것이 좋겠죠?

깔끔해 보인다며 유리를 책상 위에 놓는 경우도 있는데 시간이 점차 지나면서 유리 밑에 가정통신문, 영어 알파벳, 주기율표 등 이것저것 들어가 정신 사납게 변하지는 않나요?

정리를 위해서라도 과감히 책상 위의 유리를 없애버리는 것이 도움이 됩니다.

책상 위에 유리를 깔아 놓으면 졸음도 오게 되고 빛이 눈에 반사되어 피로감을 느끼게 되는 등 집중에 방해되는 요인이 있다는 것을 알

수 있습니다. 유리가게 아저씨에게 미안하지만, 책상에서 유리는 이제 안녕~! 유리가 없는 책상에서 열심히 공부하는 아이의 모습을 기대해보세요.

 꾸벅꾸벅 조는 아이, 산소를 보충해주자

아이가 방에서 공부하다 보면 참을 수 없는 졸음을 느끼곤 하는데, 이는 방 공기를 환기해주지 않은 이유도 있습니다. 밀폐된 공부방에서 공부하다 보면 이산화탄소가 쌓이게 되는데, 이로 인해 졸음을 느끼게 되는 거죠. 특히, 아이들이 많은 교실이나 학원 등에서 이산화탄소 농도가 더 높기 때문에 지속적으로 환기를 시켜주어야 합니다. 사람의 뇌는 기본적으로 산소가 많이 필요합니다. 이산화탄소 농도가 높은 곳에서는 뇌에 산소가 충분히 공급되지 않아 뇌가 활발하게 활동하기 어려워 학습력이 떨어질 수밖에 없습니다. 그러므로 아이의 공부방도 주기적으로 환기를 해주어야 하고 산소를 내뿜는 식물을 놔두는 것도 좋습니다.

08 📖

회전의자
VS 고정의자

열심히 공부하라고 편안하고 비싼 의자를 사줬는데, 의자를 장난감 삼아서 놀고 있으면 한숨이 절로 나옵니다. 하지만 놀이는 인간의 본능이기 때문에 아이를 탓할 수는 없습니다.

'공부방 의자'를 인터넷에서 검색해보면 다양한 제품이 쏟아져 나옵니다. '이 많은 제품 중 과연 어떤 의자가 공부하는 데 도움이 될까?'라고 고민하다가 결국 '제일 비싼 것이 공부하는 데 최고일 거야.'라는 생각에 비싼 의자를 사주게 되는데요. 이런 제품들을 살펴보면 대부분이 회전형 의자입니다.

하지만 비싼 돈을 들여 사준 회전의자가 공부할 때는 방해가 된다는 안타까운 사실! 산만해지기 쉬운 나이대의 아이들이 진득하게 앉

아서 공부하기란 여간 어려운 일이 아닙니다. 그런 아이에게 빙글빙글 돌아가고 움직이는 회전의자는 놀이동산의 회전목마처럼 아주 훌륭한 장난감입니다. 바퀴 달린 회전의자는 작은 움직임에도 쉽게 반응하기 때문에 집중상태에 있던 아이도 쉽게 산만해집니다.

공부는 때에 따라서 너무 지겹게 느껴집니다. 그래서 아이들은 무언가 자신을 위로해줄 것을 찾게 되는데요. 푹신한 회전의자가 바로 그 역할을 합니다.

반면에, 회전의자와 달리 바퀴 없는 고정의자는 아이의 움직임에도 흔들림이 없기 때문에 집중에 도움을 줍니다. 게다가 앉은 자세 그대로 유지해주기 때문에 아이가 바른 자세로 있을 수 있어요.

아이가 공부방에서 놀기만 한다고 탓하지 말고 회전의자를 고정의자로 바꿔보세요!

 ## 학습용 의자 선택 요령은?

오랜 시간 앉아 있어야 하는 의자는 아이에게 중요한 학습도구입니다. 아이의 집중력은 물론 건강을 위해서라도 좋은 의자를 선택해야 하는데요. 딱딱한 의자보다는 약간의 쿠션감이 있는 것이 좋습니다. 하지만 카페의 소파처럼 푹신한 것은 허리에 부담도 주고 졸음도 올 수 있으니 피해야 합니다. 그리고 등받이는 약간 기울여지는 의자가 좋습니다. 하루가 다르게 키가 자라는 성장기에 있는 아이라면 높낮이 조절이 되는 의자를 선택하세요. 발바닥이 바닥에 닿도록 의자의 높이가 조절되어야 합니다. 목받이는 없고 팔걸이는 최대한 짧은 것이 좋습니다.

서서하는 공부, 스탠딩 책상

09

공부가 지겹고 졸릴 때, 나도 모르게 책상과 가까워집니다. 흔히 몸이 책상과 닿는 면적이 넓어질수록 졸음이 온다고 하는데요.

그래서인지 학교에서는 조는 학생에게 교실 뒤에서 서서 공부하는 벌을 내리고는 하죠. 정말 너무 피곤해서 기절할 것 같은 때가 아니라면, 앉아 있다가 잠시 서서 있기만 해도 졸음은 어느 정도 달아납니다.

미국 미네소타 마린 초등학교 Marine Elementary School 의 애비 브라운 Abby Brown 이라는 선생님은 담임을 맡은 6학년 교실에서 이색적인 공부방법을 실천하고 있습니다.

바로 서서 공부하는 것이죠! 학생들은 가슴 높이까지 오는 책상 앞에 서서 열심히 공부를 합니다.

이러한 수업이 가능한 것은 선생님이 특별 주문한 높이 조절이 가능한 책상 덕분인데요. 인체공학 가구점의 도움을 받아 만든 책상은, 학생들의 키에 따라 높이를 조절할 수 있습니다. 이 책상 앞에서 어떤 학생들은 수업 도중에 스트레칭도 하고, 책상 밑 발판에 발을 얹어두기도 합니다.

'서서 공부하는 것'과 '앉아서 공부하는 것'에 대한 성과 비교는 아직 연구 중인데요. 미국의 학교 선생님들은 연구 결과가 나오지 않아도 경험을 통해 책상에 지루하게 앉아서 공부하는 것보다 서서 공부하는 것이 더 좋다고 입을 모아 말합니다.

공부 성과를 빼놓고 생각하더라도, 서서 공부하는 것은 건강에 훨씬 좋습니다. KBS 생로병사의 비밀 296회에서는 「앉지 말고 일어서라」에 의하면 한국인들은 무려 12시간 이상을 앉아서 생활하며, 이러한 생활습관은 하지정맥류, 심혈관질환, 대사증후군 등 다양한 질병의 확률을 높입니다. 그래서 북유럽과 미국 실리콘밸리 등지에서는 서서 일하는 문화가 점점 퍼지고 있다고 합니다.

아직 우리나라에는 서서 일하거나 공부하는 문화가 정착되지 않았기 때문에 높낮이를 조절할 수 있는 책상이 많지 않습니다. 그리고 공부 성과에 대한 부분이 확실하지 않기 때문에 서서 공부하는 것을 적극적으로 권유하기도 어렵습니다. 하지만 건강의 측면에서는 어른, 아이를 가릴 이유가 없겠지요? 스탠딩 책상을 보조적으로 준비하여 공부방에 배치해주고, 졸릴 때 주의환기를 위해 서서 공부하는 습관을 길러주는 것도 좋은 방법입니다. 이때 아이의 키를 고려하는 것! 잊지 마세요.

 오래 앉아 있으면 기억력이 떨어진다

인간이 하루 대부분의 시간을 앉아서 보내게 된 것은 그리 오래되지 않았습니다. 최근 앉아서 보내는 시간이 길수록 신체에 악영향을 미친다는 결과가 속속 나오고 있는데요. 앉아 있는 시간이 길수록 유산소 운동이 부족해지고, 이러한 유산소 운동의 부족이 기억력을 떨어지게 한다는 사실을 미국의 연구팀이 밝혔습니다. 운동량이 부족한 사람은 젊은 성인일지라도 기억력이 오래가지 못한다는 것인데요. 시험에 큰 영향을 미치는 기억력을 높이기 위해서라도 앉아 있는 시간은 줄이고 더 많이 움직일 수 있도록 도와주세요.

10

두 아이가 함께
공부방을 사용한다면?

형제·자매가 같은 공부방을 사용하는 것은 괜찮을까요? 자녀가 둘
이상인 어머니들이 고민하고 궁금해하는 질문입니다.

아이 방이 크지 않아 책상과 침대를 같이 넣게 되면 공부하기에 좋
은 책상 위치가 나오기 쉽지 않습니다. 그래서 아이 방이 2개라면 공
부하는 방과 잠자고 쉬는 방으로 구분하는 것도 좋은 방법입니다.

때에 따라서는 형제·자매가 함께 공부방을 사용하게 되면 서로 경쟁의식을 발휘하게 되어 긍정적 시너지를 얻게 되는데요.

자칫 공부방을 잘못 꾸며주면 오히려 서로 말만 많이 하게 되고 집중하는 데도 방해가 됩니다.

두 아이가 함께 쓰는 공부방, 어떻게 꾸며주면 좋은지 알아볼게요.

서로 함께 공부하고 있다는 느낌을 받을 수 있고 더 열심히 해야겠다는 동기부여가 될 수 있습니다. 정보를 교환하면서 적극적으로 공부에 임할 수 있기 때문이죠. 그렇다고 계속 이야기하며 자신의 공부에 집중하지 못할 수도 있기에 가운데에 파티션을 설치해 구분을 해놓습니다. 파티션의 높이는 답답하지 않도록 서로의 얼굴이 보일 수 있을 정도로만 해줍니다.

집중하며 공부할 수 있는 공간을 만들어준다.

나란히 위치한 책상에서는 가벼운 공부를 할 수 있도록 해줍니다. 하지만 시험기간이 다가오거나 공부하는 과목에 따라서 독립된 공간에서 공부하고 싶을 때가 있습니다. 이런 경우에는 독서실 책상을 하나 배치해주면 해결되는데요. 함께 있지만, 독립된 공간에 있기에 방해를 받지 않고 공부를 할 수 있습니다.

공부하는 책상 외의 원탁 테이블 또는 작은 소파를 배치한다.

두 아이가 서로 공부 외에도 같이 앉아서 이야기할 수 있고 어려운 공부는 함께 토론하면서 공부할 수 있는 공간을 마련해주기 위해서 입니다.

서로의 차이를 인정하며 독립된 공부방을 만들어주는 것도 좋습니다. 하지만 차이를 통해 더 나은 결과를 만들어낼 수 있도록 함께 쓰는 공부방을 꾸며주는 것도 좋은 시도라는 것, 잊지 마세요!

 독서실 책상 어떻게 사용하면 좋을까?

독서실 책상은 가림판으로 인해 외부환경과 소음을 차단해 집중력을 높여줍니다. 예전에는 독서실을 가야지만 볼 수 있었지만, 현재는 가정에서도 아이의 집중력 향상을 위해 일반 책상을 치우고 독서실 책상을 놓는 경우를 볼 수 있는데요. 너무 어린 나이부터 사용하게 되면 집중하기보다는 답답함과 소외감으로 소통에 어려움을 느낄 수 있습니다. 초등과정에서는 혼자서 암기하거나 오랜 시간 집중하면서 공부하기보다는 사람들과 소통하면서 토론하는 수업에 더 익숙해져야 합니다. 그래야 창의성도 높아지고 발표력도 좋아집니다. 중학생이 되더라도 독서실 책상만 사용하는 것은 좋지 않습니다. 독서실 책상은 보조적으로 사용할 수 있도록 일반 책상도 함께 놓아주세요.

천장의 높이가
생각의 깊이를 바꾼다?

「천장 높이가 문제였다」라는 칼럼의 저자 김영배는 영국 유학 시절에 이백 년 된 석조건물에서 살았던 시간을 회고하며 높은 천장 때문에 추운 것이 그렇게 원망스러울 수 없었다고 합니다. 그래서 천장이 낮은 현대식 아파트가 너무 부러웠는데 정작 한국에 와서 아파트에 살아보니 천장이 낮아 눌리는 느낌이 들었다고 합니다.

재미있는 사실은 천장의 높이가 실제로 생각의 깊이에 영향을 미친다는 연구 결과가 있다는 것입니다. 미국 미네소타 대학의 조앤 마이어스-레비 교수는 천장의 높이를 2m 40cm, 2m 70cm, 3m로 30cm씩 다르게 한 후 실험 참가자들에게 창의적 문제를 풀도록 하였습니다. 그 결과, 가장 낮은 천장의 실험 참가자들은 문제를 거의 풀지 못했고 3m의 참가자들은 2m 70cm의 참가자들보다 2배 정도 문제를 잘 풀었습니다. 반대로, 천장이 낮은 방의 참가자들은 높은 방의 참가자들보다 구체적인 내용에 집중해야 하는 문제를 더 잘 풀었습니다.

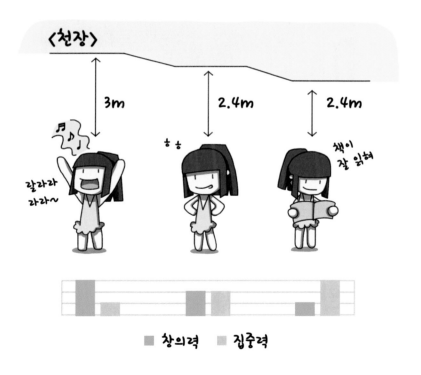

현대의 아파트는 모든 방의 천장 높이가 거의 비슷합니다. 반면에 우리의 전통 주거공간인 한옥을 보면 함께 모이는 공간인 거실에 해당하는 대청마루는 천장이 가장 높습니다. 그래서 방에서는 집중하여 자기의 일을 하고 함께 담소를 나누며 시간을 보낼 때는 대청마루에서 더 넓은 시야로 창조적인 사고를 할 수 있는 것이지요. 게다가 아예 천장이 없는 중정도 있었으니, 우리 조상들의 창의력은 한옥에서부터 나왔는지도 모릅니다.

만약 자녀가 창의력이 부족하고, 개념을 문제에 잘 적용시키지 못한다면 도서관과 같은 천장이 높은 공간에서 공부할 수 있도록 해주세요. 낮은 천장에서 눌려있던 아이의 창의력이 높이 날아오를 수 있을 것입니다.

 천장 높이와 조너스 솔크

　소아마비 백신을 개발한 조너스 솔크는 이탈리아 여행에서 13세기에 지어진 성당에 우연히 들어가게 됩니다. 그가 천장이 아주 높은 성당에 들어서자 신기하게도 그간 막혔던 문제가 풀렸고, 귀국 후 백신의 개발에 성공하였습니다. 그 후 그는 연구소를 지을 때 천장 높이를 3m로 해달라고 주문하였고, 1965년 연구소가 설립된 이후 노벨상을 받은 연구원은 다섯 명, 연구소에서 일을 했던 경력자가 노벨상을 받은 경우는 수십 명에 달한다고 하네요.

12

친환경등급을
알아보자

SBS 스페셜 「독성가족」에서는 우리의 생활 습관에 따라 알게 모르게 체내로 들어오고 축적되는 독성물질에 관해서 이야기하는데요. 우리나라에서 유통되는 합성화학물질은 4만여 종이라고 합니다.

이러한 합성화학물질은 그 종류가 매년 늘어가기 때문에 어떠한 물질이 어떠한 영향을 미치는지에 대해 자세히 알기란 쉽지 않습니다.

하지만 이미 알려진 독성물질은 최대한 줄이고, 피하는 것이 좋습니다. 그것은 공부방에서도 마찬가지입니다.

가구를 제작할 때 원목을 사용하면 좋겠지만, 통으로 된 나무는 가격이 비싸기 때문에 MDF와 PB로 제작하는 경우가 많습니다. MDF와 PB는 모두 분쇄된 나무를 접착제와 혼합하여 만드는 자재로 가격이 싸고 가볍다는 장점이 있습니다.

종류	제작과정	용도
MDF	일반목재, 나무가루, 대나무 등의 자잘한 나무들을 고온/고압으로 압축하여 만듦	조직이 치밀해서 뒤틀림과 수축 팽창이 크지 않아 서랍의 합판이나 가구의 도어에 많이 쓰임
PB	목재생산 과정에서 나오는 잔재들을 이용하여 작은 칩형태로 압축하여 만듦	목재를 재사용할 수 있으며 강도가 고르고 수축팽창이 크지 않아 붙박이장 몸통과 책상에 많이 쓰임

MDF와 PB의 가장 큰 단점은 바로 '접착제'가 많이 사용된다는 것입니다. 접착제는 포름알데히드라는 발암물질을 만들어 냅니다. 특히 , 우리나라는 온돌이 일반적이기 때문에 높은 온도에서 포름알데

히드의 발생이 가속화될 우려가 있습니다. 포름알데히드는 방출량에 따라 아토피 피부염, 냄새, 눈의 자극, 두통 증세 등을 일으키며 장기간 노출되었을 경우 암을 발생시킬 수도 있는 1급 발암물질입니다.

그래서 전 세계적으로 포름알데히드를 방출하는 양을 기준으로 가장 방출량이 많고, 실내에서 사용을 금하는 등급인 E2부터 E1, E0, Super E0 등급으로 가구 자재를 나누고 있지만, 선진국과 우리나라의 기준은 다릅니다.

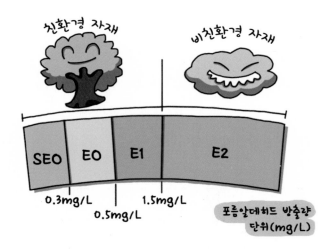

우리나라에서는 위의 표와 같이 E1까지를 친환경 자재로 보지만, 선진국에서는 E1 등급은 실내사용을 제한하고 있습니다. 따라서 가구를 살 때는 꼭 친환경등급을 확인하고 같은 가격에 비슷한 디자인의 가구라면 높은 등급의 가구를 고르는 것이 좋습니다.

포름알데히드는 가구뿐만 아니라 책에도 있습니다. 새 책에서는 휘발성의 포름알데히드가 방출되기 때문에 새 책을 구입했다면 바람이 잘 통하는 곳에서 며칠간 통풍을 시키는 것이 좋습니다.

알고 쓰면 편리하지만, 모르고 쓰면 독이 되기도 하는 합성화학물질, ADHD를 일으키기도 하고 기억력과 학습능력을 저하시키는 화학물질이 없는 안전한 공부방을 만들어주세요.

합성화학물질 안전지대를 만들자

- **제품안전정보 포털** www.saftykorea.kr : 리콜 명령을 받은 제품, 안전인증을 받은 제품을 확인할 수 있습니다.
- **한국환경공단** www.keco.or.kr : 1층, 지하, 반지하 가구 대상으로 라돈 무색, 무미, 무취의 방사성 가스 농도를 무료로 측정하고 저감 방법 상담을 받을 수 있습니다.
- **케미스토리** www.chemistory.go.kr : 환경부에서 운영하는 사이트로, 생활 속 유해물질과 어린이 환경안전에 관한 내용을 게임과 퀴즈로 재미있게 접할 수 있습니다.

13

책과 친해지는
책장 정리

책은 아이들에게 최고의 선생님이자 가장 좋은 친구입니다. 하지만 아이들이 책과 친해지기는 쉽지 않습니다. 아이들이 책에 매력을 느끼도록 하기 위해서는 어떻게 해야 할까요?

먼저, 아이들의 책장 속에 자리 잡고 있는 학년이 지난 교과서 및 참고서, 다 풀고 더 이상 보지 않는 문제집들은 버려야 합니다. 학습

에 도움을 줄 수 있는 몇몇 기본서를 제외하고는 다시 꺼내보지 않는 경우가 대부분이기 때문이죠. 학년이 올라갈수록 이런 경우가 점점 더 많아집니다. 이러한 책들이 책장을 가득 채우고 있다면 답답하고 해야 할 공부량이 많다고 느끼기 때문에 아이가 공부의 압박감을 느낄 수도 있습니다.

아이의 연령에 따라 다르지만 '전집'도 버려야 할 대상 중 하나가 될 수 있습니다. 어릴 때 구입한 전집이 중·고등학생 때까지 책장에 꽂혀 있다면 굳게 마음먹고 과감하게 버리는 것을 추천합니다.

이렇게 정리를 했다면 아이들이 책과 친해지도록 책장을 다시 정리해야 합니다. 유아기의 아이들이 책과 친해지도록 하는 정리방법은 아이들이 좋아하는 책의 표지가 정면으로 보이게끔 놓는 것입니다.

아이가 학교에 입학하고 나면 책장에 이름표를 붙여주세요. 책장 한 칸마다 재치 있고 센스 있는 이름표를 붙여주면 아이가 책에 더욱 친근함을 느낄 수 있습니다.

이렇게 책장을 정리해 놓으면 아이들이 자연스럽게 책과 친해질 수 있습니다. 센스 있는 책장 정리를 통해 아이들의 책 읽는 습관을 길러 줍시다!

읽기 능력은 학습을 하기 위한 기본적인 능력이다

모든 학문의 근간에는 '글'이 포함되어 있습니다. 심지어 수학도 요즘은 '스토리텔링'을 강조하고 있지요. 하지만 읽기능력이 낮은 아이들은 문제를 이해하지 못하는 경우가 생깁니다. 내용을 외우는 것은 벼락치기를 할 수 있을지 몰라도 읽기능력은 꾸준히 키워주어야 합니다. 책을 읽는 방법은 정독, 다독, 속독과 같은 여러 가지가 있습니다. 아이들이 저학년일 때는 다독이 좋지만, 고학년으로 올라갈수록 정독을 해야 학습에 도움이 됩니다. 심리학자인 프란시스 로빈슨은 SQ3R이라는 읽기 기법을 개발했습니다. 이 기법은 훑어보기 Survey, 질문하기 Question, 자세히 읽기 Read, 되새기기 Recite, 다시 보기 Review 의 다섯 단계를 거쳐서 읽는 방법인데요. 이렇게 한 번 읽고 지나가는 것이 아니라 여러 단계를 걸쳐 다각도로 읽는다면 놓치는 내용 없이 모두 이해할 수 있겠죠?

정리습관 만들어주는
재미있는 청소도구

집안에 물건이 지저분하게 흩어져 있으면 정신이 산만해지고 하는 일에 집중하기가 어렵습니다. 그래서 지저분한 아이의 공부방을 목격하게 되면 정리를 하라고 잔소리를 하게 되는데요.

어떻게 하면 우리 아이 정리하는 습관을 만들 수 있을까요? "세 살 버릇 여든까지 간다."라는 말이 있습니다.

습관은 어릴 때 만들어주는 것이 가장 좋지요. 영어만 조기교육이 있는 것이 아니라 정리습관도 조기교육이 필요합니다.

정리 및 청소하는 도구를 아이 방에 준비해주세요. 재미있는 청소 도구는 아이들의 정리습관에 도움을 줍니다.

〈귀여운 곤충 모양의 지우개 청소기〉

아이들이 글씨 연습을 하거나 그림을 그리면서 나오는 지우개 가루는 바닥에 흩어져서 청소하기 까다롭습니다. 곤충 모양의 지우개 청소기는 장난감처럼 가지고 놀면  서 청소를 할 수 있기 때문에 아이가 즐겁게 청소를 할 수 있답니다.

〈농구 골대 모양의 세탁물 바구니〉

아이들은 옷을 세탁실까지 가지고 가는 것을 귀찮아합니다. 아이의 방에 농구 골대 모양의 빨래 바구니를 준비한다면 빨래를 바구니 안으로 던져서 넣거나 들고 가서 덩크 슛 하듯이 넣으며 자연스럽게 정리 습관을 기를 수 있습니다.

〈덧버선 걸레〉

아이들이 신는 덧버선 밑바닥이 걸레로 만들어진 신발이 있습니다. 덧신을 신고 바닥을 밀면서 다니면 바닥이 닦이는 신발인데요. 아이들이 재미를 느끼며 청소할 수 있습니다.

〈어린이용 진공청소기〉

아이들이 사용하기 편한 진공청소기도 있습니다. 장난감처럼 생겼지만, 흡입력은 일반 진공청소기 못지않아서 청소 효과도 좋습니다.

이제부터 청소하라는 지긋지긋한 잔소리를 하지 말고 아이들의 눈높이에 맞춰 정리하는 습관을 길러주세요!

 정리정돈이 주는 긍정적인 효과

정리하는 습관은 전두엽을 발달시키고, 전두엽은 아이들의 학업 성적에 영향을 미칩니다. 아이들은 정리를 통해서 자율성을 발달시킬 수 있을뿐더러 정돈과 흐트러진 것을 구별하고 불필요한 것을 알게 되면서 분별력 또한 기를 수 있죠. 정리 습관이 아이에게 미치는 긍정적인 영향은 셀 수 없을 정도로 많습니다. 그래서 어머니들이 아이의 방을 청소하고 정리하는 것이 아니라, 아이 스스로 하게끔 해주셔야 합니다.

깔끔하게 정리된 방에서는 계속해서 머물고 싶은 기분이 듭니다.
그렇지만 보통 우리 아이의 공부방은 깔끔함과 거리가 멀어 보입니
다. 그래서 창문을 열고 청소기를 들었지만 어디서부터 어떻게 정리
를 해야 하는지 분간이 가지 않는 경우가 많습니다.

　아이의 방을 정리하기 위해서는 먼저 쓰레기봉투를 준비하는 것이 좋습니다. 공부와 관련이 없는 물건들이 주변에 있다면 아이의 집중력이 분산되기 쉽습니다.

　아이의 방문을 열고 들어가면 창고인지 공부방인지 분간이 안갈 때가 있습니다. 아이의 방에서 버려야 할 물건이 있다면 과감하게 버려주세요.

어렸을 때 하나씩 사주었던 장난감이나 인형들도 없애야 할 대상입니다. 한꺼번에 모두 정리해버리면 아이가 허전하게 느낄 수 있으니 아이가 사용하지 않는 장난감이나 인형들부터 하나씩 아이의 방에서 없애주면 됩니다.

아이의 방에 있는 불필요한 물건들을 효율적으로 버리기 위해서는 물건을 종류별로 모아놓고 분류하면 편합니다. 예를 들어, 책은 책끼리, 문구류는 문구류끼리 종류에 따라 한곳에 모아놓습니다. 그다음 필요 없다고 판단되는 물건들과 재사용할 수 있는 물건들로 분류하면 효율적인 정리를 할 수 있습니다.

버리기로 한 물건들은 웬만하면 다른 사람들 눈에 띄지 않게 버리는 편이 좋습니다. 다시 사용할 수 있거나 볼 수 있다고 다시 가져갈 수 있기 때문에 버려야겠다고 결정했다면 최대한 신속하게 버리는 편이 좋습니다.

정리하기 위해 꺼낸 물건들이 깊숙하고 어두운 수납장에서 꺼낸 물건들이거나 높은 책장 꼭대기에서 찾아낸 먼지가 가득 쌓인 물건인가요? 이와 같은 물건들을 과감하게 버리는 것이 아이 방 정리의 시작입니다.

우리 아이만의 새로운 분위기의 공부방을 꾸미기 위해 정리를 마음 먹은 엄마라면 먼저 버리기부터 시작해보세요!

 침대 밑은 최고의 정리공간이다

침대 밑 공간을 다양한 물품을 넣는 공간으로 활용할 수 있습니다. 서랍이 딸려 있는 침대를 구매하셔도 좋고, 침대 밑 높이에 맞는 정리함을 사용해도 좋습니다. 산만하게 만들어주는 장난감이나 옛날 책 등은 이곳에 정리해두면 눈에 보이지도 않고 깔끔하게 정리할 수 있어요.

우리 아이 공부환경
유형 알아보기

우리 아이는 어떤 환경에서 공부를 제일 잘할 수 있을까?

　아이가 어떤 환경에서 집중하며 공부할 수 있을지에 대해 정확히 모른 상태에서 공부방을 꾸민다는 것은 무의미한 일이 될 수 있다. 공부방을 꾸밀 때는 내 아이만의 특성과 성향을 파악하는 것이 가장 중요하다.

　의사가 병을 정확히 진단해야 해결책을 찾아 병을 고칠 수 있듯이, 아이의 현 상태를 정확히 진단하는 것이 공부방 꾸미기의 첫걸음이다.

　'우리 아이 공부환경 유형 알아보기' 테스트를 통해 내 아이의 유형을 알아보자!

아래의 각 문항을 읽고 해당하는 점수에 체크해주세요.

(1점: 매우 아니다, 2점: 아니다, 3점: 보통, 4점: 그렇다, 5점: 매우 그렇다)

문항	질 문	점 수				
		1	2	3	4	5
1	다른 사람들이 열심히 공부하는 모습을 보면 나도 덩달아 열심히 공부하게 된다.					
2	칸막이가 있는 나만의 공간에서 공부하는 것이 좋다.					
3	소음이 없는 환경에서도 졸지 않고 집중할 수 있다.					

문항	질 문	점 수				
		1	2	3	4	5
4	모르는 것이 있으면 친구나 선생님에게 바로 물어본다.					
5	학교 선생님보다 학원 선생님이 더 잘 가르치는 것 같다.					
6	선생님이 공부에 대해 정확히 알려주는 것을 좋아한다.					
7	사람이 많고 말소리가 들려도 공부를 잘할 수 있다.					
8	독서실이나 도서관보다는 편하고 자연스러운 분위기에서 공부하는 것이 좋다.					
9	남이 나를 쳐다봐도 공부를 잘할 수 있다.					
10	나의 공부방에서 혼자 공부하는 것이 좋다.					
11	공부방에서 공부할 때는 휴대폰을 꺼두거나 무음으로 해둔다.					
12	공부방에 침대가 있어도 자기 전까지는 누워서 뒹굴거리지 않는다.					

점수를 합하여 가장 점수가 높게 나온 유형을 찾으세요.

문 항	1번 ~ 3번	4번 ~ 6번	7번 ~ 9번	10번 ~ 12번
합산 점수				
유 형	독서실형	학원형	카페형	공부방형

유형	설명
독서실형	조용한 분위기 속에서 여러 사람들과 함께 각자의 공부를 하는 것을 좋아하는 유형. 주변에 있는 학생들이 열심히 공부하는 모습을 보며 자극을 받고 더욱더 공부에 매진하기 때문에 공부를 할 때 혼자서 하는 것보다는 1~2명 같이 공부하는 것이 집중하는 데 도움이 된다. 하지만 친구들과 수다 등 노는데 시간을 많이 낭비할 수 있으므로 같이 공부하는 친구들의 성향을 파악하는 것이 중요하다.
학원형	학원에서 공부하기를 좋아한다고 해서 학원 공부가 이 유형의 학생에게 효율적이지는 않을 수도 있다는 점에 유의해야 한다. 만약 학원에 다니는데도 성적이 잘 나오지 않는다면 학원에서 공부를 하는 이유가 무엇인지 객관적으로 파악할 필요가 있다. 친구들과 어울리기를 좋아하거나 학원에서 주는 간식을 좋아해서 학원을 선호하는 것일 수도 있기 때문에 공부 이외의 다른 동기가 더 큰 비중을 차지한다면 학습장소를 바꾸기 위해 노력할 필요가 있다.
카페형	카페같이 공간이 트여있고 사람들이 많은 장소에서 공부하기를 선호하는 유형. 편하고 자연스러운 분위기를 즐기며 그 속에서 몰입하여 공부하는 자신의 모습에 멋을 느끼는 편이다. 음료나 음식물을 먹으며 공부하는 것을 즐긴다. 다른 사람들의 시선 속에서 공부하는 것을 좋아하나 자칫 산만해질 수 있기 때문에 주의가 필요하다. 카페와 같은 환경에서 공부할 경우 실제 공부 시간보다 허비하는 시간이 많을 수 있으므로 자신이 정말 효율적으로 공부하고 있는 것인지 확인할 필요가 있다.
공부방형	자신만의 독립된 공간에서 몰입하는 것을 좋아하는 유형. 자신에게 익숙한 장소에서 공부하는 것을 가장 편하게 생각한다. 자기 제어성self regulation 이 높은 편으로, 압박이 없는 상황에서도 스스로 일을 처리 할 수 있는 능력을 가지고 있다. 단, 자신의 공부방에서만 공부가 잘된다면 여러 환경에 익숙해지기 위해 노력할 필요가 있다. 시험은 사람들이 많고 불편하며 어떤 소음이 발생할지 모르는 상황에서 치러지기 때문에 자신에게 익숙하지 않은 장소에서도 집중하는 연습을 해야 한다.

Part 2.

우리 아이 공부 잘하게 하는
색상은 따로 있다

01

스트루프 효과,
색과 뇌에 관한 놀라운 비밀

백화점에 엄마와 함께 간 여자아이가 급하게 화장실을 찾고 있네요.

여자아이는 표지판을 보고 화장실로 들어가려다 말고 어리둥절한 표정을 짓고 있네요. 무슨 문제라도 발생한 걸까요?

보통 남자 화장실은 파란색, 여자 화장실은 빨간색으로 표시되어 있습니다. 그래서 우리는 글이나 그림을 확인하지 않은 채 무의식적으로 색상만 확인하고 화장실에 들어가곤 합니다. 만약 여러분도 남녀화장실의 표지판 색상이 뒤바뀐 화장실에 가게 된다면 어떻게 될까요? 아마 여자아이처럼 혼란스러운 상황을 맞게 되지 않을까요?

일상생활을 통해 우리의 뇌에 입력되어 있는 것은 남자 화장실 = 파란색, 여자 화장실 = 빨간색이라는 공식입니다. 우리가 글자나 형태, 기호를 외면한 채 색깔만 보고 서둘러 화장실을 찾아 들어가는 것은 이미 이런 공식이 우리의 두뇌에 각인되어 있기 때문입니다.

인간의 뇌는 사물을 볼 때 색상과 형태 중 어떤 것을 먼저 인식하게 될까요? 색상→형태 순서일까요? 아니면 형태→색상 순서일까요? 궁금하다면 다음 그림을 직접 읽어보세요.

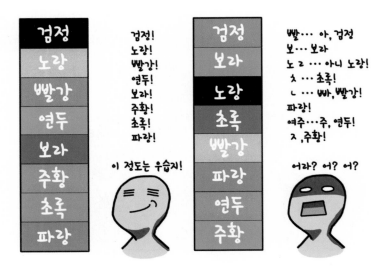

  왼쪽과 오른쪽 중에서 어느 쪽이 더 빠르게 읽혔나요? 왼쪽의 단어
들은 색과 글자가 일치하지만 오른쪽 단어들은 색과 글자가 일치하
지 않습니다. 그래서 왼쪽은 편하고 빠르게 읽을 수 있었지만, 오른쪽
은 읽는데 시간이 더 걸렸을 거예요. 일반인을 대상으로 실험해보면
색과 글자가 일치하지 않을 때 읽는 시간이 평균 두 배가 더 걸린다고
합니다.

  이것은 색을 보면서 단어를 말할 때 글과 색상이 불일치하기 때문
에 두뇌가 간섭받아서 일어나는 현상입니다. 이를 스트루프 간섭 효
과 Stroop Interference effect 라고 합니다.

  이제 "사람은 색과 형태 중 어느 것을 먼저 인식할까?"라는 질문에
답을 할 수 있을 겁니다. 정답은 바로 "사람은 형태보다 색을 먼저 인
식한다."입니다. 평소 색의 중요성을 잊고 살았던 많은 분들도 이제는

색의 중요성을 아셨겠죠?

색이 가지고 있는 감정

색상	긍정적 연상	부정적 연상
Red	기쁨, 강렬함, 정열, 활동, 흥분, 용기, 에너지	위험, 유혈, 피, 충동적, 전쟁, 불, 공포
Orange	화려함, 양기, 식욕, 건강, 따뜻함, 쾌활, 애정	야심, 무질서, 나태, 거만
Yellow	활발, 황제, 환희, 발전, 도전, 신비, 풍요	경박, 노폐, 미숙
Green	양기, 온기, 명랑, 기쁨, 희망, 건강, 상쾌, 산뜻	시기, 탐욕, 자기 억제
Blue	젊음, 하늘, 신, 조용함, 상상, 평화, 희망	냉정, 어둠, 근심, 쓸쓸함, 고독

풍수 오행색채로
뇌와 심장을 깨우자

영화 『엑스맨』에는 다양한 능력을 지닌 인물들이 나옵니다. 태양열을 흡수하고 방출하는 썬 스팟, 주변의 에너지를 흡수하고 발사하는 비숍 등 한 번쯤은 이런 인물들이 되어보는 상상을 해보지 않았나요?

사람이 살아가는 공간에는 여러 가지 에너지가 있고 우리는 그 에너지에 반응하거나 상호작용을 합니다. 모든 공간에 존재하는 에너지

는 각 사람에게 미치는 영향이 다르기 때문에 풍수적으로 유심히 살펴서 공부환경을 만들어주는 것이 중요합니다.

풍수에서는 주변 에너지 중에서 오행색채라 하여 색상이 사람에게 미치는 영향을 말하는 부분이 있는데, 이를 적용하여 공부방을 조성한다면 도움이 됩니다.

풍수의 관점에서 여러 가지 색상들의 특성이 학습에 어떤 영향을 미치는지 한번 살펴보도록 하겠습니다.

오행색채와 학습과의 관계 첫 번째! 흑색 계열입니다.

흑색계열은 주위 상황을 정확히 판단하는 결단력과 강인함을 키우고 급작스런 상황에 차분하게 대응하는 힘을 길러 줍니다. 그래서 결단력이 부족하고 학습 의지가 낮은 아이의 성품을 변화시키는 데 효과적입니다.

백색 계열은 어떤 학습효과가 있을까요?

백색 계열은 상상력을 자극하고 순수성과 새로운 출발 및 활기를 느끼기 해주기 때문에 학습의욕을 높이는 데 도움이 됩니다.

두뇌 회전과 활기에 도움이 되는 색상은 황색입니다.

황색 계열은 밝은 에너지를 가지고 있어 두뇌 회전에 좋습니다. 또한, 매사 부정적인 아이를 활기차게 변화시킵니다.

소심하고 내성적인 아이라면 붉은색을 활용해보세요.

정열적인 적색 계열은 활발한 기운을 가지고 있어 사람을 각성시켜 적극적으로 만들기 때문에 소심하고 내성적인 아이에게 좋습니다.

오행색채 중 청색은 예로부터 선조들에게 '학과 같은 청렴결백한 선비의 색'으로 간주되었습니다. 선비 하면 눈이 오나, 비가 오나 잠을 쫓아가며 허리를 꼿꼿이 세우고 책을 읽는 모습이 연상되는데요. 실제로 청색계열은 집중력과 인내력을 높여준다고 합니다.

내 아이의 성격에 맞는 오행색채를 통해 아이의 심리까지 치유되는 공부방을 만들어 보세요.

색채 심리 및 오행색채에 대해 좀 더 알고 싶어요!

- **한국 케엠케 색채연구소** www.color21c.co.kr : 한국 케엠케 색채 연구소의 THER-APY 항목은 색채 심리, 색채 명상, 컬러테라피, 컬리 심리테스트 등 색채와 심리 등에 관한 자세한 내용을 담고 있습니다.
- **CCI 색채연구소** www.ccicolor.co.kr : CCI 색채연구소의 Color Content 항목에 들어가면 색채 관련한 재미있는 사례와 정보를 알 수 있습니다.
- **낸시컬러** blog.naver.com/makoop : 아동미술심리치료 및 컬러테라피에 대한 정보를 참고할 수 있습니다.

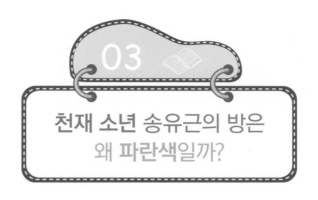

    사람들은 어린 나이에 대학수준의 문제를 척척 해결하는 송유근의 천재성에 감탄합니다. 그런데 혹시 유근 군의 공부방 색상이 무엇인지 기억하시나요?

　그런데 왜 천재 소년의 방은 하필 파란색이었을까요? 공부방을 도배하는 아저씨께서 파란색을 좋아하셔서 파란색으로 도배한 것은 아닐 거예요. 파란색은 기본적으로 인내심, 집중력, 자제력을 향상시키는 데 도움이 됩니다. 천재 소년은 두뇌 회전이 빠르고 에너지가 넘치고 과제 집착력이 뛰어났습니다. 이러한 성향은 열정적이고 추진력은 좋으나 덜렁대거나 자제력은 떨어질 수 있습니다. 그래서 공부방을 파란색 방으로 꾸며준다면 이런 성향을 보완할 수 있는 것이지요.

이제 여러분 자녀의 공부방을 떠올려 봅시다.

이사 올 때부터 있었던 벽지를 아무 생각 없이 그대로 사용하거나 어머니의 미적 기준에 따라 예쁘다고 알록달록한 벽지를 선택하거나 전체 집안 색상에 맞추어 도배하지는 않았나요?

이제 내 아이도 천재 소년처럼 똑똑하게 만들기 위해 공부방 벽지를 파란색으로 도배하면 될까요? 와우! 그러면 대한민국의 공부방은 온통 파란색이 될지 모르겠네요. 송유근과 비슷한 성향을 가진 아이라

면 블루가 도움이 되겠지만, 조용하고 차분한 성향의 아이라면 파란색이 오히려 우울증에 걸리거나 더 소극적인 아이가 될 수 있습니다.

열정적이고 목표 지향적이고 에너지가 넘치는 성향의 아이라면 블루 계열의 색상을 사용해보세요. 인내심과 자제력을 기르고 집중력을 키워 본인의 성향을 보완할 수 있습니다.

 희망과 성공의 상징 '블루'

로마제국 시절 블루는 가난한 피지배자의 색깔이라는 인식이 강했어요. 하지만 성모마리아의 '피에타 상'에서 성모가 입은 푸른색 옷을 보면서 청색은 고귀하고 성스러움, 희망의 상징으로 인식되기 시작하였죠. 희망과 성공, 친근함과 편안함을 주기 위해 많은 기업과 광고에서 푸른색을 사용하고 있는데요. 삼성전자가 푸른색을 가장 잘 사용한 대표적 경우입니다. 대기업과 냉혹한 IT 분야에서 절대 강자임에도 기업 이미지와 광고에서 블루 색상을 활용하여 소비자들에게 친근하고 가족 같은 이미지를 심어주고 있습니다. 다양한 분야에서 친근함과 신뢰, 희망과 성공을 주기 위한 이미지 메이킹을 위해 블루라는 색상을 사용하고 있지요.

04

난폭한 **죄수**의 방에
색을 입혀 주었어요

　저는 여러 가지 색깔 중에서 핑크색을 좋아
합니다. 가방도 핑크색, 신발도 핑크색, 원피스
도 핑크색, 학용품도 핑크색입니다. 어머니와
함께 옷을 사러 쇼핑몰에 갈 때면 전 핑크색
옷부터 찾아요. 그런 저를 보고 또 핑크색을
사느냐고 말씀하시지만, 저는 핑크색이 정말 좋
습니다.

　그런데 저처럼 핑크색을 정말 좋아하는 사람이 스위스에 있다고 하
네요. 그 사람의 방은 온통 핑크색으로 꾸며져 있다고 합니다. 그 사
람은 핑크를 정말 좋아하는 소녀일까요? 아니에요. 핑크 방의 주인은
다름 아닌 스위스에서 난폭하기로 소문난 교도소의 죄수입니다.

오스트리안 타임즈에 따르면 스위스의 페피콘 교도소는 죄수 수용 공간 중 일부를 핑크색으로 리모델링 했다고 합니다.

페피콘 교도소는 스위스의 교도소 중에서도 폭력사건이 가장 빈번했던 곳이랍니다. 난폭한 죄수들 때문에 골머리를 앓던 교도관들은 색상전문가의 조언을 얻어 수용소를 핑크색으로 리모델링했어요. 그러자 죄수들 간의 다툼과 교도관들에 대한 폭력적인 성향이 급격히 줄었다고 합니다. 핑크색은 바라보고 있으면 혈압이 낮아지고 심신이 안정되어 폭력적인 성향이 완화되는 효과가 있기 때문이죠.

난폭한 죄수를 순한 양으로 만든 핑크색은 여성의 자궁 내벽의 색과 비슷하다고 합니다. 사람은 모두 태아 시절 어머니의 핑크색 자궁에 둘러싸여 보호를 받았고, 그 핑크색 자궁 내벽 속에서 편안함과 안정감을 느끼면서 자랐습니다.

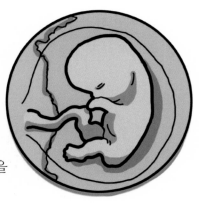

아이든 어른이든, 남자든 여자든 누구나 어머니의 품속 같은 따뜻함을 느끼면 부드러워지기 마련입니다. 그래서 핑크색으로 둘러싸여 있으면 어머니의 품속처럼 편안함과 안정감이 높아지고 공격적인 성향은 줄어들게 됩니다.

우리나라 교도소의 교도관들도 핑크색의 효과를 알게 된다면 다루기 힘든 범죄자들을 모범수로 만들 수 있지 않을까요?

아이가 혹시 공격성이 강하고 화를 참지 못하고 흥분을 잘 가라앉히지 못하다면 방을 핑크색으로 꾸며보는 것은 어떨까요? 방 전체를 핑크색으로 도배하는 것은 아무래도 남자아이에게는 어렵겠죠. 그럴 때는 핑크색으로 된 가구나 소품을 활용하면 됩니다.

예전과 달리 지금은 남성복이나 축구 유니폼까지 핑크색을 찾아볼 수 있습니다. 더 이상의 고정관념은 버리고 핑크색으로 아이의 성향을 바꿔보세요.

핑크색에 대한 미주알고주알

중후한 남성의 상징인 롤스로이스에서 유방암캠페인을 위해 핑크색 '고스트'를 출시하였습니다. 롤스로이스뿐만 아니라 도요타 크라운 등 기존의 남성성이 강조된 자동차 브랜드에서 핑크색 자동차를 출시하고 있는데요. EPL 축구팀 맨체스터 유나이티드에서는 핑크색 유니폼을 선보이는 등 핑크 컬러에 대한 사회적 인식이 변화되고 있습니다.

(=사진: 롤스로이스 사진 캡쳐)

핑크색은 섬세하고 따뜻함, 위로와 격려의 의미를 담고 있기 때문에 아이와 상담 시에 핑크색 옷을 입거나 핑크색 소품을 두면 효과적입니다. 핑크색은 때로는 가볍거나 대수롭지 않다는 느낌을 줄 수 있기 때문에 면접이나 인터뷰 등의 자리에서는 입지 않는 것이 좋습니다.

05

예민하고 소심한 아이가
붉은 악마가 되었어요

축구를 좋아하지 않는 사람이라도 월드컵 기간이면 붉은 악마 티셔츠를 입고 대한민국 선수들을 응원하였을 거예요. 대한민국의 경기가 있는 날이면 설레는 마음에 잠도 설치게 되죠.

2002년 한일 월드컵이 새록새록 기억에 나지 않나요? 2002년 한일 월드컵 대한민국 경기가 있는 경기장과 주변은 붉은색 티셔츠와 응

원도구를 든 붉은 악마들로 물결을 이루었답니다. 국민 전체가 붉은 악마가 되어 응원하는 모습에 외신들은 놀라움을 금치 못했다고 하네요. 역시 단결된 대한민국의 힘은 대단한 것 같아요.

2002년 한일 월드컵에서 붉은색 응원 물결을 보면서 대한민국의 선수들은 가슴 속에서 뜨거운 힘이 생겼다고 합니다. 그런데 상대편 선수들은 붉은색 응원 물결을 보고 어떠한 느낌이 들었을까요? 우리나라와 경기했던 세계적으로 유명했던 포르투갈, 이탈리아 선수들은 인터뷰에서 경기장에 들어서는 순간 붉은 물결에 압도되어 제대로 경

기를 치르지 못했다고 합니다. 역시 붉은 악마는 12번째 선수라는 말이 틀린 말은 아닌 것 같습니다.

그런데 우리의 응원복이 붉은색이 아니라 다른 색깔이었다면 외국 선수들이 붉은 악마를 보고 그렇게 압도감을 느꼈을까요? 그리고 우리나라 선수들이 붉은색 유니폼을 입었을 때의 승률이 흰색 유니폼을 입었을 때보다 더 높다는 사실을 알고 있나요?

또래보다 소심하고 예민한 아이는 낯선 상황과 사람에 대해 지나치게 경계하고 타인의 평가에 예민한 태도를 보이기 때문에 대인관계에서 쉽게 긴장하거나 위축되는 경우가 많다고 합니다.

집에서는 말도 잘하는데 낯선 사람을 만나면 어른 등 뒤로 숨어버리는 아이라면 아이의 방을 붉은색 계열로 바꿔주세요. 하지만 방 전체를 붉은색 계열로 바꾸기는 힘들지요. 벽시계, 꽃병, 연필꽂이 등 다양한 붉은색 소품을 활용해 보면 됩니다.

색깔 중에서 가장 열정적인 빨강은 아이의 기운을 북돋워 주는 적극적인 에너지를 전달합니다. 컬러 테라피스트에 따르면 어린 시절에 붉은색 계열의 옷과 소품을 많이 활용해 주면 아이가 자신감도 높아지고 남들 앞에서도 발표도 잘하는 아이로 성장한다고 하네요.

예민하고 소심한 아이, 붉은 악마의 기운을 받아 씩씩하고 열정적으로 키워보세요.

 한국인이 사랑하는 컬러 '레드'

일반적으로 붉은 계열의 색은 식욕을 왕성하게 합니다. 이는 '음식은 따뜻하다'는 이미지 때문인데요. 새우깡, 제크, 꽃게랑 등의 과자뿐만 아니라 코카콜라, 맥도날드와 버거킹, KFC 등의 식·음료업체 등에서 빨간색이 주를 이루고 있는 이유입니다. 또한, 붉은색은 활력을 의미하기 때문에 활력이 없는 사람들이 이용하면 치료 효과를 기대할 수 있어요.

우리 아이, 성장의 컬러로
쑥쑥 키워요

    내 아이를 TV 속 모델들처럼 키 크고 늘씬하게 키우고 싶은 부모의
바람은 모두가 똑같습니다. 아이들이 쑥쑥 잘 자라기 위해서는 영양
보충이 제일 중요합니다. 그런데 옆집 아이처럼 무엇이든 잘 먹으면
좋으련만, 늘 밥을 반도 먹지 않고 군것질만 찾는다면 어떻게 하면 좋
을까요? 이럴 때는 아이에게 화를 내거나 달래는 것보다는 식욕을 자

극하는 컬러를 사용하면 효과적입니다.

키 쑥쑥 모델로 만들어주는 마법의 컬러. 주황색을 사용한다면 아이의 성장을 도와줄 수 있습니다. 혹시 당근을 보면 식욕이 당기지 않았나요? 주방이나 식탁이 있는 공간을 주황색으로 꾸며 주면 식욕을 자극하는 데 최고입니다.

성장의 컬러에는 주황색뿐만 아니라 몇 가지의 색이 더 있는데요. 이러한 성장의 색에는 빨강과 노랑이 있습니다. 빨강은 음식을 더욱

맛있게 보이게 하고 식감을 자극합니다. 레몬을 닮은 노랑은 톡 쏘는 신맛과 달달함을 동시에 느끼게 하여 식욕을 촉진하고 음식을 더욱 맛있어 보이게 한답니다.

주황, 빨강, 노랑의 색상으로 아이의 성장을 돕고 적절한 운동을 병행한다면 공부도 일등! 운동도 일등! 늘씬한 엄친아로 키울 수 있지 않을까 생각됩니다.

파프리카 색깔에 담긴 효능의 차이

– **빨강 파프리카**: 빨강 파프리카의 리코펜 성분은 체내의 활성산소를 막아주기 때문에 면역성을 높여주어 성장기 아이에게 가장 좋은 파프리카입니다. 암과 혈관질환 예방에 좋고 노화방지에도 효과적인데요. 비타민 C가 다른 색깔의 파프리카에 비해 가장 높으므로 아이에게 비타민 영양제를 주기보다는 빨강 파프리카를 먹이는 것이 더 좋다고 합니다.

– **주황 파프리카**: 주황 파프리카는 멜라닌 색소를 억제하는 효과가 탁월합니다. 기미·주근깨 방지에 좋으며 미백효과가 있는데요. 다른 색깔의 파프리카에 비해 비타민 A, 인, 칼륨이 풍부하여 눈 건강에 좋기 때문에 눈의 피로를 많이 느끼는 수험생에게 효과적입니다.

– **노랑 파프리카**: 노랑 파프리카는 스트레스 해소에 좋고 혈액순환을 도와주고 콜레스테롤 수치를 저하시켜 줍니다. 각종 성인병에 좋기 때문에 어른들이 꼭 섭취해야 하는 파프리카입니다.

– **초록 파프리카**: 파프리카 중에서 칼로리가 가장 낮아 다이어트에 효과적, 철분이 풍부해서 빈혈에 좋습니다.

07

에코컬러로
스트레스 안녕

　2014년 세계 주요 40개국 교육체계 평가에서 우리나라는 1위를 하였습니다. 여러 선진국에서는 한국의 교육에 대해 늘 관심을 갖고 있습니다. 그런데 우리나라 학생들의 행복지수는 OECD 국가 중에서 과연 몇 위일까요?

한국

일본

싱가폴

핀란드

5위

히…

1

2

3

내가 2012년도 1위였는데…

세계 교육체계 평가는 영국 최대 교육, 출판 기업인 피어슨 그룹이 실시하며 한국은 2012년 이 회사가 처음으로 이 지수를 발표했을때 핀란드에 이어 2위였습니다.

국제학업성취도평가(TIMSS) 등 주요 국제 학력평가를 반영한 교육종합 평가입니다.

우리나라 어린이와 청소년들의 행복지수는 경제협력개발기구^{OECD} 국가 중에서 3년 연속 꼴찌인데요.

우리 아이들은 스트레스를 받아도 어른들에게 제대로 의사표현을 하지 못하고, 말해도 어른들은 아이의 스트레스에 대해 진지하게 생각하지 않는 경우가 많습니다.

한국의 학생들은 얼마나 스트레스를 받고 있을까요? 서울시가 '서울 교육분야 주요변화 및 시민 교육관 분석현황'에서 조사한 자료에

따르면 우리나라 중·고등학생의 80퍼센트 이상이 심각한 스트레스를 받고 있다고 합니다. 우리의 학생들이 집에서라도 스트레스를 날려버릴 수 있는 방법은 과연 없는 걸까요?

에코컬러는 녹색과 노란색 계열의 색상을 말하는데, 에코컬러를 활용하면 스트레스 때문에 공격적인 행동을 보이는 아이를 누그러뜨릴 수 있습니다. 이유 없이 짜증을 잘 내고 스트레스를 많이 받는 우리 아이를 위해 녹색계열의 인테리어를 해주는 것은 어떨까요? 스트레스와 중압감을 많이 받는 회장님들이 등산을 취미로 많이 하는 이유는 녹색으로 우거진 산을 보면서 스트레스가 사라지고 가슴이 뻥 뚫리는 기분이 들어서입니다.

아이의 스트레스를 날려버리기 위해 녹색과 조화가 될 만한 색깔은 무엇이 있을까요? 스트레스를 많이 받은 우리 아이에게 녹색의 인테리어와 함께 노란색과 보라색의 소품을 사용하면 시원시원한 성격의 아이로 만들 수 있어요. 병아리를 닮은 밝은 노란색은 아이의 스트레스를 제거해주고 따뜻하고 안락한 보라색은 보호받는다는 느낌을 줄 수 있답니다.

 에코컬러로 스트레스를 해소하는 연예인들의 생활

　연예인은 일반인에 비해 24시간이 항상 불규칙하고, 언제 어디서나 대중의 시선이 따라다니기 때문에 일반인들에 비해 스트레스를 많이 받습니다. 그래서 스트레스 해소와 관리가 중요한데, 컬러테라피스트의 도움으로 집안에서 에코컬러를 활용하여 스트레스를 해소하는 연예인이 많이 있는데요, 아나운서 전현무와 이하정, 야구 여신 최희, 가수 김범수, 탤런트 양정아 등이 컬러테라피를 통해 힐링을 받는다고 합니다. 녹색 계열의 인테리어와 함께 녹색, 노란색, 보라색 소품 등을 활용하면 공부에 지친 아이의 스트레스 해소에 효과를 볼 수 있습니다.

조명으로
뇌파를 깨워라

패밀리 레스토랑이나 커피전문점에서 멋진 인테리어에 한껏 분위기를 더해 주는 것은 무엇일까요? 그것은 바로 분위기 있는 조명입니다.

근사한 레스토랑에 갔을 때 우리의 뇌에는 어떤 뇌파가 작용할까요? 인간의 두뇌는 신체 상태나 심리 상태에 따라 각기 다른 뇌파를

발산합니다. 이 뇌파는 크게 알파파, 세타파, 베타파, 델타파 4가지로 구분되는데요.

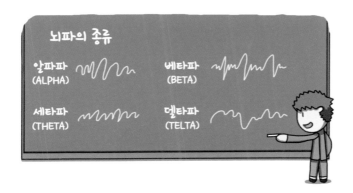

흥분이나 긴장 상태처럼 각성 수준이 아주 높은 경우에는 우리의 뇌는 베타파가 주로 나옵니다. 졸음이 오거나 수면을 취할 때는 델타파가 주로 나타나며, 각성 수준이 너무 높거나 낮지 않은 적정상태에서는 알파파나 세타파가 나옵니다.

공부할 때는 기억력과 집중력이 최대로 발휘하여 두뇌의 정보 처리량을 높이는 적정 수준의 각성상태가 가장 좋습니다. 즉, 알파파나 세타파가 많이 활성화되어야 합니다. 수면을 취할 때처럼 각성 수준이 낮거나 흥분 상태처럼 각성 수준이 높은 상태에서는 학습능률이 떨어지게 됩니다.

학습을 할 때 알파파나 세타파를 활성화시키고 베타파나 델타파를 줄이기 위해선 어떤 방법이 있을까요? 조명을 적절히 활용하면 학습에 도움을 주는 알파파나 세타파를 활성화시킬 수 있습니다.

아이의 공부방을 살펴보면 형광등이 너무 어둡거나 책상을 제대로 비추지 못하는 경우가 많습니다. 또한, 전열 기구의 색상이 적절하지 못하여 각성 수준을 적정 수준보다 높게 만드는 경우도 있는데요. 이런 환경에서는 공부를 한다면 당연히 알파파나 세타파가 활성화될 수 없겠죠?

주기적으로 공부방의 조명 밝기를 체크해 주고 LED 스탠드 등을 활용한다면, 아이가 공부할 때 적정 수준의 각성상태를 유지시켜 주어 기억력과 집중력을 최대로 발휘할 수 있습니다.

뇌의 목소리 '뇌파'

　제임스 캐머런 감독의 영화 『아바타』는 관객들에게 기존의 영화를 넘어 감동과 무한한 상상을 주었습니다. 아바타에서 생각으로 원격의 아바타를 조종한다는 핵심 아이디어는 바로 뇌파인데요. 영화뿐만 아니라 실제로 신체적 어려움을 가진 장애인을 위해 뇌파로 조종하는 휠체어 등 뇌파를 이용한 기술이 발전하고 있습니다.

09 수학을 못한다면 조명에 변화를 주자

혹시 '수포자'라는 말을 들어본 적 있으신가요? 수학 포기자를 줄여서 하는 말입니다. 국어나 영어 등 다른 과목들은 잘하는데 유독 수학에서만 약한 모습을 보이는 아이들을 종종 볼 수 있는데요. 좋은 학원이나 과외를 다녀도 수학에 어려움을 겪고 있는 아이라면 공부방 조명에 변화를 주는 것이 좋습니다.

　GS건설은 창의, 휴식, 사고, 집중 4개 모드에 따라 색온도를 골라 사용할 수 있는 LED 조명을 적용한 아파트를 선보였습니다. 국어, 영어, 수학, 과학 등 과목별로 조명의 색깔을 달리하여 집중력에 도움을 주고 있습니다. 실제로 이런 조명의 변화가 집중력에 도움을 줄 수 있을까요?

　카이스트에서 대전 대덕구에 위치한 초등학교 학생들을 대상으로 멀티미디어 시청과 수학문제 풀 때 조명이 어떤 영향을 미치는지 연

구하였습니다. 그 결과, 보통의 형광등보다 6,000K 이상의 색온도 조명하에서 수학문제 정답률이 17% 이상 향상된 결과를 얻어내었고, 5,000K 정도의 색온도 조명하에서 멀티미디어 시청하는 데 집중력이 더 높아진다는 사실을 알아내었습니다.

'빛과 건강'의 저자 존 오트 John Ott 박사도 책에서 '다양한 색상의 색온도가 아닌 곳에서 공부하면 학습 부진의 주요 원인을 야기시킨다'고 하면서 '다양한 스펙트럼 빛을 받은 학생들은 높은 학문적 성취, 적은 결석률, 과다 행동의 현저한 감소를 보여주었다'고 하였습니다.

이처럼 색온도에 따라 집중력을 높여주는 과목이 따로 있는데요. 조명의 효과를 얻기 위해서 꼭 색온도가 조절되는 조명이 설치된 아파트나 학교로 옮기지 않으셔도 됩니다. 학생들이 공부할 때 항상 사용하는 스탠드를 색온도와 밝기가 조절되는 스탠드로 변경해주시는 것으로도 충분합니다.

LED 색온도/밝기 조절 스탠드는 별도의 설치 없이 책상 위에 올려놓고 사용하면 되는데요. 간단한 버튼 조작만으로도 쉽게 과목별로 색온도 및 밝기를 조절할 수 있어 집중력에 도움을 받을 수 있습니다. 또한, 형광등의 빛 떨림 현상도 없어 시력저하도 예방할 수 있습니다.

수포자가 되어버린 우리 아이에게 조명의 변화를 준다면 수학에 점점 흥미를 가지고 잘해내는 모습을 기대해 볼 수 있습니다.

 파란색 조명이 졸음을 쫓아준다

빨간색이나 밝은 원색의 조명이 각성시켜주고 졸음을 쫓아낼 것 같지만, 실제로는 파란색 조명이 졸음을 쫓아줍니다. 늦은 시간 공부할 때 파란색 조명을 활용한다면 밤에 느슨해진 신경을 기민하게 만들어 도움을 줍니다. 미국 토머스 제퍼슨 대학 연구진들은 파란색 조명과 초록색 조명을 실험자에게 6시간 비추었는데, 파란색 조명이 졸음도 적게 오고 판단능력도 더 좋았다는 연구결과를 발표하기도 하였습니다.

실수하기 쉬운
조명 사용의 잘못된 착각들

어린아이를 재우는 일은 여간 힘든 일이 아닙니다.

형광등은 아니더라도 아이를 재울 때 보통 야간 조명을 켜 놓는 경우가 많습니다. 또한, 아이가 커서도 습관적으로 야간 조명등을 켜놓기도 합니다.

미국 펜실베이니아 대학교 메디컬센터 연구팀에 의하면 만 2세 전에 야간 조명이나 실내 등을 켜 놓고 재운 아이들의 경우 조명을 끄고 재운 아이에 비해 근시가 될 비율이 훨씬 높다는 연구결과가 있습니다.

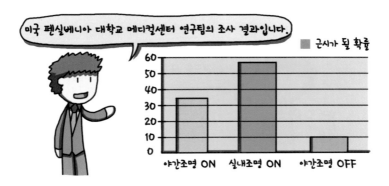

또 한 가지 조명과 관련된 잘못된 습관은 전체 조명을 끈 상태에서 보조 조명기구인 스탠드를 사용하는 경우입니다. 과연 이 방법은 괜찮은 걸까요?

　전체 조명을 끈 상태에서 스탠드만 켜 놓고 사용하게 되면 눈에 직접적인 자극을 주고 큰 밝기 차이 때문에 눈의 피로도가 높아져 근시나 시력 감퇴의 원인이 될 뿐만 아니라 금세 졸음을 느끼게 됩니다. 그러므로 반드시 전체 조명을 켜 놓은 채 보조 조명기구인 스탠드를 사용하는 습관을 기르는 것이 좋습니다.

　중·고등학생들이 많이 사용하는 스탠드. 어떻게 사용하면 좋을까요? 스탠드를 사용할 때 먼저 손 그림자가 생기지 않도록 스탠드는 손 반대편에 설치하여야 합니다. 아무 생각 없이 책상 위에 두었다면 오른손잡이, 왼손잡이 각각에 맞게 설치하는 방법을 익히는 것이 중요합니다.

책상에 컴퓨터를 둘 경우에는 모니터에 조명이 반사되지 않도록 설치해야 합니다. 혹시 스탠드가 직접 눈에 빛이 들어오는 경우에는 조명 갓을 설치하는 것이 좋습니다. 책상 위의 유리도 조명의 빛을 반사시키는 건 이미 알고 계시죠?

흔히 실수하기 쉬운 조명사용, 잘 기억해두었다가 활용해 보세요.

스마트폰과 눈 건강

아이들은 불을 끄고 잠들 때까지 스마트폰을 보다 잠드는 경우가 많은데, 이러한 습관은 눈 건강에 좋지 않습니다. 빛은 우리 눈의 동공을 통해 망막으로 전달되는데 동공은 빛의 양에 따라 크기가 달라집니다. 그래서 어두운 곳에서는 커지고 밝은 곳에서는 작아집니다. 조명이 어두운 곳에서는 동공을 크게 한 상태를 유지해야 하므로 눈이 피로해질 수 있어요. 따라서 불을 끄고 스마트폰을 보거나 어두운 곳에서 책을 보는 습관은 바람직하지 못합니다.

피부색에 따른
色다른 이야기

왜 서양 역사책에 흑인 노예는 나오는데 백인 노예는 나오지 않는 걸까요? 혹시 한 번도 고민해본 적이 없었나요? 『노예 12년』이라는 영화에서는 아내, 그리고 두 명의 아이와 함께 자유로운 삶을 누리던 음악가 솔로몬 노섭이 흑인이라는 이유로 납치되어 12년간을 노예로 살아가게 됩니다. 『톰 아저씨의 오두막집』이라는 문학책의 톰 아저씨도 흑인입니다. 왜 백인 노예는 찾아보기 힘든 걸까요?

백인은 대부분 추운 지역이나 일조량이 적고 날씨가 흐린 지역에 살고 있었어요. 그래서 환경에 적응하면서 피부가 하얗고 눈동자는 파랗고 머리카락은 금발로 진화되었다고 합니다.

백인종은 피부와 눈, 머리카락이 유색인종에 비해 강한 태양이나 거친 자연환경의 변화에 약합니다. 그래서 백인종은 햇볕이나 환경에 민감하게 반응하게 되었고, 좀 더 나은 환경과 넓은 영토에 대한 생각으로 자연에 순응하기보다는 자연을 지배하고 식민지를 개척하였답니다.

백인종들이 문명을 발달시키고 활발히 자연을 개척시켜 나가는 데 반해 유색인종은 자연에 대해 어떻게 반응했을까요? 유색인종 중에서도 특히 흑인은 태양 광선을 그대로 받아들였어요. 지금도 많은 아프리카 부족들이 태양신을 믿으면서 인류 태초의 모습 그대로 살아가고 있습니다.

자연을 개척하며 살아가는 백인과 자연 친화적인 흑인, 환경과 자연에 대한 인간의 태도는 피부색과 밀접한 관련이 있는 것 같습니다. 우리 한국인은 그러면 어떨까요? 유색인종이라서 공부방 창문의 자외선 투과율 등 피부와 관련해서는 백인들에 비해 깊은 고민이 필요치 않을 수도 있겠네요.

하지만 공부방 창문이 유난히 크다거나 책상을 부득이 창문 바로 앞에 배치할 수밖에 없는 상황이라면 안구와 피부의 건강을 위해서 창문에 블라인드를 설치하는 것도 좋은 방법입니다. 너무 햇빛이 적게 들어오면 우울증에 걸리기 쉽지만, 너무 많이 들어온다면 공부에 방해될 수도 있습니다.

서로 관계없을 것 같았던 우리의 피부·눈동자 색깔과 공부환경과의 관계, 인종의 역사를 통해 色다른 사실들에 대해 알 수 있었네요. 이제는 완벽한 공부방을 위해 공부방 창문의 자외선까지 유심히 살펴보도록 합시다.

Part 3.

집중력 높은 아이에게는
특별한 비법이 있다

소음에도
색이 있다

사람의 눈에는 보이지 않지만 소음에도 색이 있습니다. 실제로 소음에 색이 있는 것이 아니라 소음의 종류에 따라 정한 것인데요. 컬러 소음, 백색 소음, 핑크 소음이 있습니다.

신경에 거슬리는 소리나 공부 또는 일을 할 때 방해가 되는 잡담 소리, TV 소리 등은 컬러 소음color noise이라고 합니다. 이런 종류의 소음은 스트레스를 유발하고 귀에 자극을 줌으로써 고차원적인 사고와 기억

을 방해하고 학업과 업무 성취도를 하락시킵니다.

　반면, 컬러 소음과 다르게 집중력을 높여주는 소음이 있는데　백색
소음white noise이라고 합니다. 집중을 방해하는 컬러 소음을 잘 들리지
않도록 해주기 때문에 집중력을 높여주고 뇌 신경은 물론, 신체를 편
안하게 해주는 역할을 합니다.

즉, 컬러 소음은 특정한 음높이와 패턴이 있고 의미가 있는 신경 쓰이는 소리로 청각을 자극하여 사고와 기억을 방해해 집중력을 떨어뜨립니다.

반대로, 백색 소음은 파도소리나 빗소리와 같이 음폭이 넓고 특정한 패턴이 없는 소리로 다른 소리를 중화시켜 집중력을 상승시킵니다.

숭실대 소리연구소 소장인 배명진 교수팀의 연구에 따르면 자연의 소리인 백색 소음을 들으면서 공부를 할 때 주변에 관심을 갖는 횟수가 약 22% 감소하고 학업 성취도가 35%나 개선되는 것으로 나타났습니다.

깊고 편안한 수면을 도와주는 핑크 소음pink noise도 있습니다. 백색 소음에서 발생하는 소음이기도 한데요. 핑크 소음은 백색 소음과 달리 저음과 중음대의 음량이 높아서 모든 주파수대에서 동일한 음량으로 소리가 나는 것처럼 들립니다. 빗방울이 떨어지는 소리나 나뭇잎들이 스치면서 내는 소리에서 핑크 소음이 나옵니다.

중국 베이징대학의 주에 장 교수팀의 연구결과에 의하면 핑크 소음을 들으면서 자도록 했더니, 75% 이상의 사람들이 더 편안하게 느끼고 뇌파 활동도 더 깊은 잠에 들었다고 합니다.

다양한 소음 공해에 시달리고 있는 아이에게 자연이 주는 백색 소음이 가득한 산이나 바다를 찾아 가도록 해보세요. 아이의 스트레스가 몰라보게 줄어들면서 집중력과 기억력을 키워줄 거예요.

 도움이 되는 소음, 간편하게 만나보기

집중에 도움이 되는 백색 소음이나 숙면에 도움이 되는 핑크 소음을 쉽게 만나볼 수 있습니다. 그것은 스마트폰 앱을 활용하는 것인데요. 앱으로 '백색 소음', '핑크 소음'을 검색하면 여러 가지 다양한 소리를 다운받아 사용할 수 있습니다.

카페의 소음이
집중력을 높여준다고?

분위기 좋은 카페에서 바쁘게 움직이는 사람들을 보면서 커피 한잔과 함께 여유를 즐긴 적이 있나요? 생각만 해도 기분 좋아지네요. 가끔 답답한 사무실을 벗어나 카페에서 글을 쓰거나 책을 읽으면 집중이 잘되고 좋은 생각도 떠오르곤 합니다.

카페는 이제 우리의 일상에서 빼놓기 어려울 정도로 가까운 공간이
되었습니다. 카페에서 책을 읽거나 공부를 하고 친구를 만나 이야기
하는 모습은 이제 익숙한 일상입니다. 많은 사람들이 만들어내는 수
다 소리와 카페의 음악 소리로 어수선하여 집중하기 어려울 것 같은
데 이런 환경에서 집중하며 책을 읽거나 공부하는 사람들을 보면 신
기할 따름입니다. 특히, 시험기간에 도서관이나 독서실을 찾는 학생
들도 많지만, 카페를 찾는 학생들도 적지 않은데요. 다양한 소음이
있는 시끄러운 카페를 찾는 이유는 무엇일까요?

조용한 공간에서는 책상을 끄는 소리나 문을 열고 닫는 소리가 상대적으로 크게 느껴져 일종의 충격으로 다가옵니다.

그래서 집중하고 있어도 쉽게 집중상태가 풀려버리게 되죠. 하지만 약간의 소음이 있는 곳에서는 주변의 소리나 사람의 말소리가 소음에 묻혀 잘 들리지 않게 되는데요. 이것을 소음 중화Covering Sound 라고 합니다. 비가 오면 왠지 주변이 조용해지는 느낌이 들지 않나요? 공원 분수대에 있으면 주변의 소음이 들리지 않고 마음이 차분해지는 느낌을 받은 적도 있을 겁니다. 이것은 전부 소음 중화 효과 때문에 그렇습니다.

카페의 소음도 소음 중화 효과를 만들어 내는데요. 이 때문에 주변에서 만들어진 소음에 놀라지 않게 되어 집중상태를 유지할 수 있는 것입니다.

카페의 소음은 백색 소음과 비슷해 뇌에 긍정적인 영향을 주는데요. 마음을 안정시켜주는 알파파를 만들어 내고 산만하게 만드는 베타파를 감소시켜 줍니다.

알파파의 긍정적 효과　　베타파의 부정적 효과

우리가 잘 알고 있는 『노인과 바다』의 저자 어니스트 헤밍웨이는 '라 클로즈리 데 릴라'라는 단골 카페에서 소설을 집필하였습니다. 『해리

포터』의 작가 조앤 롤링도 에든버러의 여러 카페를 돌아다니며 글을 썼다고 합니다. 카페의 소음이 주는 효과 때문인지 카페에서 책을 쓰거나 업무를 보는 사람들도 꽤 많아졌습니다.

그렇지만 우리 아이들이 카페를 가서 공부하기에는 아직 이릅니다. 대신 카페 소음을 인터넷에서 들을 수 있는 사이트를 소개해드릴게요. 웨어사운드 www.wheresound.com 는 카페에서 발생하는 소음을 24시간 들려주는 인터넷 사이트입니다. 홍대, 강남, 신사동 가로수길에 있는 카페의 소음을 녹음하여 들려주고 있는데요. 듣고 있으면 공부방이나 사무실에 있어도 카페에 있는 듯한 느낌을 받게 됩니다. 적막감이 사라져 오히려 집중력 높아지게 되죠.

외국에도 비슷한 사이트가 있는데요. 커피티비티 www.coffitivity.com 와 레이니 카페 www.rainycafe.com 입니다. 레이니 카페의 경우 카페 소리에 빗소리까지 추가할 수 있으니 카페에서 빗소리를 듣고 있는 느낌을 받고 싶을 때 이용하면 좋을 것 같네요.

　카페의 소음은 백색 소음과 비슷한 효과를 내긴 하지만, 사람에 따라 차이가 있답니다. 어떤 사람은 집중하는 데 도움을 받기도 하지만, 어떤 사람은 소란스러워 오히려 집중하지 못하는 경우도 있습니다. 사람마다 차이가 있으니 우리 아이가 소음에 어떤 성향을 가지고 있는지 체크해 보시고 활용하시는 것이 좋겠습니다.

 소음 중화를 통해 집중력을 향상시킬 수 있다.

　백색 소음은 소음 중화를 만들어 다른 소리나 사람의 말소리를 인식하지 못하게 만들어줍니다. 카페 소음은 백색 소음과 비슷하여 마음을 안정시켜 산만하지 않게 만들어주고요. 집이나 사무실에서도 웨어사운드와 같은 사이트를 이용해 카페에 있는 듯한 분위기를 만들 수 있습니다.

03

불안감을 증폭시키는 소음시계

조용한 공간에서는 시계의 초침소리가 크게 느껴지는데요. 평소에는 들리지 않을 정도로 작은 소리인 시계의 초침 소리가 공부하거나 잠을 잘 때 꽤 크게 들려 신경이 쓰이는 경우가 있습니다.

꼭 소리가 크고 높은 음만 소음이 아닙니다. 소리가 작더라도 지속시간이 길고 연속적으로 반복되는 소리도 소음입니다. 이런 소음을 들으면 혈압이 높아지고 맥박이 증가함은 물론 호흡횟수도 증가합니다.

　책에 집중해야 하는데 시계의 초침소리에 신경 쓰다 보면 공부하는 내용이 머리에 잘 들어가지 않게 되죠. 결국, 시계에서 건전지를 빼거나 공부방에서 떠나는 선택을 하기도 합니다.

　공부할 때뿐만 아니라 취침할 때도 악영향을 미치는데요. 조용한 밤에는 작지만, 규칙적으로 반복되는 소리가 유독 크게 들립니다. 오죽하면 "싫어하는 사람에게 불면증으로 고생하라고 소리 큰 시계를 선물하라."라는 농담도 있을 정도입니다.

시계의 초침소리가 신경을 예민하게 만들고 자꾸 시계를 쳐다보게 되어 아이를 초조하게 만들어 숙면을 취하기 어렵게 만들죠.

벽시계뿐만 아니라 탁상시계에서도 소음이 나올 수 있습니다. 아이 방에 한번 앉아서 책을 읽어보세요. 반복된 초침소리가 들린다면 무소음 시계나 디지털 시계로 바꿔주어야 합니다. 초침이 아예 없는 시계도 좋습니다.

우리 아이의 집중을 방해할 수 있는 '똑딱' 시계, 꼭 없애주세요!

 초침소리가 예민한 아이를 만들 수 있다

　　KBS2 『가족의 품격- 풀하우스』에서 개그맨 이윤석 씨가 출연하여 예민한 성격에
대해서 공개하였는데요. 이윤석 씨는 "초침 소리만 들리면 그걸 계속 세고 있다."고
할 정도라고 말하였습니다. 초침소리처럼 작지만, 반복적으로 나오는 소음은 사춘기
등 심리적으로 불안감을 가지고 있는 아이를 더욱 예민하게 만들어주게 되는데요. 아
이가 필요 이상으로 예민하게 굴거나 불안해한다면 방안의 시계 소음부터 체크해보
시는 것이 좋겠습니다.

　요즘 학교에 가보면 이어폰을 끼고 공부하는 아이들을 많이 볼 수
있는데요. 학교나 도서관 등 사람들이 많이 있는 곳에서 소음을 피하
기 위해 노래를 듣는 것은 이해가 갑니다. 하지만 조용한 집에서조차
노래를 들으며 공부하는 아이 때문에 고민이지 않나요? 소리를 내지
않기 위해서 가족들은 까치발로 다니기까지 하는데 말이에요.

아이들은 노래를 들으면서 공부하면 잠도 덜 오고 집중이 잘된다고 하는데 부모님 입장에서는 신경이 많이 쓰이게 되죠. 노래를 듣는 것인지, 공부를 하는 것인지 알 수가 없으니까요.

노래를 들으면서 공부에 집중할 수도 있지만, 노래를 듣지 않는 것보다 집중이 잘 될 수는 없습니다.

미국 캘리포니아대 로셀 폴드렉 교수는 여러 가지 일을 동시에 하는 등 산만한 상태에서 지식을 습득하게 되면 기억력이 낮아진다는 연구결과를 내놓기도 했는데요. 즉, 노래를 들으면서 공부하게 되면 기억력이 낮아지게 된다는 것이죠.

특히, 기억력과 청각을 담당하는 측
두엽이 양쪽 귀 바로 위쪽에 위치해
있어 음악소리에 쉽게 자극받게 되는
데요. 지속적으로 스트레스를 받게
되면서 청각 세포가 손상되어 기억력이
떨어지고 귀가 먹먹해지거나 울림 현상
이 나타날 수도 있습니다.

그래서 음악을 들으며 공부하는 습관은 꼭 고쳐야 합니다. 그래도
공부하면서 음악을 들어야 한다고 고집을 부린다면 가사가 없는 클
래식이나 자연 소리를 듣는 것이 좋고 이어폰을 사용하지 않은 채 스
피커로 듣도록 해야 합니다.

공부할 때는 공부에만 집중하고 노래는 휴식시간에 듣게 하는 것
이 제일 좋습니다.

음악을 듣는다면 클래식??

공부하면서 노래를 들으면 집중력을 떨어뜨리지만, 휴식시간에 클래식을 들으면 집중력과 자제력을 높여줍니다. 영국 런던대학 연구진들은 아동을 대상으로 클래식이 어떤 영향을 미치는지 연구하였는데요. 듣기 능력을 비롯한 집중력 및 자제력이 향상되었고 심지어 사회성도 좋아졌다고 합니다. 아이가 쉬고 있을 때 클래식 음악을 들려주면 좋을 것 같습니다.

05 학생을 저주하는
저주파 소음을 없애자

아침 9시, 서울역에서 새마을호를 타고 부산으로 Go! Go!

아침 9시 30분, 기차에서 도시락 먹고 계란 먹고.

오후 2시, 푹 자고 나니 부산에 도착.

버스나 기차를 탈 때 잠을 많이 잤는데도 피곤함이 가시지 않는 경험을 해본 적 있나요? '내가 원래 잠이 많아.'라고 자책하실 필요가 없습니다. 범인은 바로 버스나 기차에서 발생하는 '저주파 소음' 때문입니다.

한국표준과학연구원의 정성수 박사님이 버스나 기차를 타면서 2년 동안 전국을 돌며 저주파 소음을 측정하였는데요, 이런 대중교통에서 저주파가 매우 심하게 나오고 있다고 합니다.

저주파 소음은 사람의 귀로 들을 수 없는 100Hz 미만의 저주파가 만들어내는 소음을 말합니다.

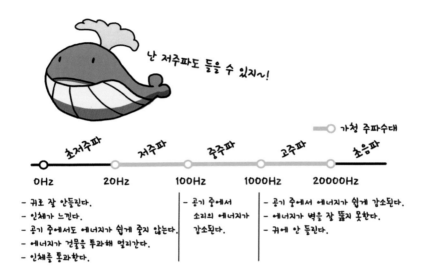

저주파 소음은 일상생활에서 접하는 소음과 달리 시끄러움을 인식할 수는 없지만, 몸은 느낄 수 있습니다. 이 소음은 공연장에서 나오는 강력한 소음과 비슷한 강도라고 하니, 저주파 소음에 시달리면 몸이 피로하지 않을 수 없습니다. 이렇게 인체에 강한 진동을 느끼게 하는 저주파 소음은 뇌와 장기에 영향을 주어 호르몬 분비에 이상을 일으키고 아이의 집중력을 떨어뜨리거나 머리를 아프게 하여 스트레스를 줍니다. 또한, 불안한 감정을 느끼게 하여 심장 박동도 빨라지게 만듭니다.

대중교통을 이용하지 않으면 저주파 소음에서 자유로울까요? 저주파 소음은 버스나 기차 등 대중교통뿐만 아니라 우리가 자주 사용하는 에어컨, 가습기, 보일러, 냉장고, 온수 매트, 제습기 등 전자제품에서도 나옵니다.

보통 소음은 공기를 통해서 쉽게 사라지지만 저주파소음은 문을 닫고 있어도 벽이나 문을 통해서 전달됩니다.

　정말 끈질기게 따라다니는 저주파 소음을 어떻게 하면 떨쳐낼 수 있을까요? 저주파 소음도 다른 소음과 마찬가지로 공기를 통해서 사라지게 할 수 있어요. 공기를 순환시키는 것이 중요하기 때문에 창문이나 문을 열어 놓는 것이 좋습니다. 특히, 저주파 소음이 많이 나오는 냉장고나 에어컨은 아이의 공부방에서 멀리 배치하여야 합니다.

　전기도 아끼고 저주파 소음도 줄일 수 있도록 불필요한 전자제품은 콘센트를 빼주세요!

 '저주파 소음'의 저주에서 벗어나자

요즘 아이들은 각종 전자제품과 이어폰으로 노래를 듣게 되면서 저주파 소음에 많이 노출되어 있습니다. 저주파에 지속적으로 노출되면 불안감과 스트레스를 유발하는 등 인체에 악영향을 주게 되는데요, 일주일에 한 번 정도는 저주파 소음에 시달린 아이의 몸을 산이나 바다 등 자연을 느끼게 해주어 휴식하게 하는 것이 좋습니다.

06

아이를 위한
외부소음 해결 방법

  층간소음 문제는 이웃 간의 가벼운 문제를 지나 이제는 사회적 문
제로 떠오르고 있습니다. 하지만 활동적인 아이를 키우다 보면 집에
서 뛰지 말고 장난치지 말라고 해도 잘 듣지 않지요.

『나는 공무원이다』라는 영화를 보면 주인공이 자기 집 지하실에 밴드연습을 허락하면서 층간 소음 문제가 발생합니다. 주인공은 밤마다 들리는 음악 소리 때문에 노이로제 증상을 보이게 되죠. 참다못한 주인공의 항의에 밴드의 뮤지션들은 벽에 계란판을 붙입니다. 소음방지에 흔하게 사용하는 방법의 하나인 계란판은 정말 효과가 있을까요?

일반적인 생각과 달리 소음전문가들은 계란판의 방음효과가 아주 미미하다고 합니다.

　전문가들이 층간소음 문제 해결을 위한 솔루션 중 간단하면서도 대표적인 방법은 '층간소음 방지 슬리퍼'입니다. 집안에서 층간소음 방지 슬리퍼를 착용하는 것만으로도 층간 소음을 획기적으로 줄일 수 있다고 하는데요. 여러 TV 프로그램에 "층간소음 방지에 효과적이다."라는 방송이 나간 후에 다양한 종류의 층간소음 방지 슬리퍼가 시중에 나오고 있으며 판매도 급증하였다고 합니다.

그렇다면 아이의 공부방으로 들어오는 외부 소음을 막는 방법은 없을까요? 내 아이의 공부방에서 발생하는 소음도 막고 외부에서 들려오는 소음도 막을 방법이 있습니다.

에어캠 공기완충제 은 일명 '뽁뽁이'라고 부릅니다. 겨울이 되면 외풍을 차단하기 위해 에어캠을 창문에 붙이는 경우가 많이 있어요. 에어캠은 방풍과 보온효과도 뛰어나지만 소음차단 효과 역시 뛰어납니다.

공부방에 에어캠을 설치해주면 그전보다 훨씬 소음이 줄어든 것을 느낄 수 있을 거예요.

층간소음 분쟁해결 '층간소음 이웃사이센터'

최근 급증하고 있는 공동주택 층간소음 문제가 이웃 간의 분쟁에서 사회문제로 확대되고 있는데요. 이를 예방하고 분쟁을 해결하기 위해서 운영하고 있는 '층간소음 이웃사이센터'가 있습니다. 국가소음정보시스템 http://www.noiseinfo.or.kr 에서 운영하는 센터로 홈페이지를 통해 민원을 접수하면 전문가가 현장소음측정 서비스를 제공합니다. 이 자료를 토대로 당사자 간의 이해와 분쟁해결을 유도해 줍니다.

 아이를 키우면서 중요한 것 중 하나가 아이와의 소통입니다. 하지만 소통과 잔소리의 구분은 항상 어렵습니다. '이건 잔소리가 아니라 다 잘되라고 하는 말이야!'라는 생각으로 우리는 듣기 싫은 말들을 자녀에게 쏟아냅니다.

하지만 불행하게도 잔소리를 많이 듣고 자란 아이는 그렇지 않은 아이보다 소극적이고 예민한 아이가 될 확률이 높다고 합니다. 물론, 잘못된 행동에 대해서 아무런 지적도 하지 않는 것은 올바른 양육태도는 아닙니다. 하지만 지적의 방법에 따라 소음형 엄마가 될 수도, 대화형 엄마가 될 수도 있습니다.

아이와 충돌을 계속 일으키는 소음형 엄마와 차분하게 대화로 풀어나가는 현명한 대화형 엄마와의 차이는 무엇일까요?

아이가 잘못된 행동을 하였을 때 "너는 누굴 닮아서 그러니?"/ "내가 너 때문에 못 살아"/ "넌 커서 무엇이 되려고 그러니?"와 같은 감정이 실린 말을 자녀에게 자주 하는 엄마는 소음형 엄마에 가깝습니다.

대화형 엄마는 아이가 잘못된 행동을 하였을 때 문제행동에 대해서만 지적을 하고 함께 수정해 나갈 수 있도록 방법을 함께 찾아갑니다. 대화형 엄마에게서 자란 아이는 부모와 소통도 원활하고 인간관계에 있어서 어떠한 문제가 생겼을 때 감정을 앞세우기보다는 대화로 풀어나가려는 태도가 형성됩니다.

내 아이를 잘 키우기 위해 소음형 엄마보다는 대화형 엄마가 되고 싶은 욕심이 생기지 않나요? 대화형 엄마는 소음형 엄마에 비해 훨씬 현명하게 아이의 문제행동에 대해 수정을 하면서도 본인의 감정도 상하지 않고 아이의 감정도 상하게 하지 않습니다. 그럼 어떻게 하면 대화형 엄마가 될 수 있을까요?

대화형 엄마가 되기 위한 6가지 방법을 알고 행동한다면 대화형 엄마가 될 수 있습니다.

화가 나는 상황에서 화를 참기란 쉽지 않죠? 하지만 화를 내고 뒤돌아서서 생각해 보면 그렇게 화를 낼 상황이었나 하고 생각이 들기도 한답니다.

소음형 엄마였다면 이제부터라도 대화형 엄마가 되어 보세요.
엄마가 먼저 달라져 보세요! 그럼 우리 아이도 달라집니다.

체벌만큼 안 좋은 고함

　예민하고 감성적인 아이들에게 체벌만큼이나 고함도 큰 상처가 될 수 있습니다. "너 때문에 창피하다."/ "왜 이렇게 게으르냐?"/ "정말 멍청하네."와 같이 상처를 주는 말과 함께 고함을 지르면 아이는 비행을 저지르게 될 가능성이 높아지는데요. 아이의 잘못을 혼내는 방법으로 고함을 지르는 것은 잘못을 깨우치기보다는 부정적으로 변하게 합니다. 이럴 때는 스마트폰을 사용하지 못하게 하거나 TV 시청을 제한하는 등 아이가 평소에 누리던 것을 못하게 하는 방식으로 훈육하는 것이 좋습니다.

08 머리의 힘은
신체에서 나온다

졸음을 피하기 위해 학생들이 가장 많이 찾는 음료는 커피인데요. 커피는 카페인 성분이 있어 졸음을 쫓아주기도 하지만, 과도하게 마시면 각성작용을 일으켜 머리를 아프게 하거나 무겁게 합니다. 커피와 같은 음료나 음식들은 우리에게 여러 가지 영향을 주는데요, 공부에 지친 우리 아이에게 어떤 음식이 좋을까요?

두뇌에 좋은 대표적인 음식은 연어입니다. 연어에는 오메가3가 대량으로 함유되어 있고 비타민 A, D, E와 미네랄, 철분 등이 풍부합니다. 부드러운 식감 때문에 연어를 싫어하는 아이는 굽거나 훈제를 해서 준다면 부담 없이 맛있게 먹을 수 있습니다.

가정에서 쉽게 접할 수 있는 고등어도 머리를 좋게 하는 음식입니다. 청어와 정어리와 같이 등푸른생선 종류가 이에 해당하는데요, DHA 성분이 풍부하기 때문에 학습능력이 높아지는 효과와 기억력을 높여주는 데 도움이 됩니다. 영국 옥스퍼드대학의 연구팀이 아동 493명 대상으로 연구한 결과에서도 생선 속에 들어 있는 오메가3 성분이 읽기와 기억력에 좋다고 하였습니다.

세계 10대 영양식품 중의 하나기도 한 견과류는 필수지방산이 많이 들어 있습니다. 땅콩이나 호두와 같은 견과류를 하루 권장량만큼 지속해서 먹게 되면 아이들의 학습능률을 높이고 뇌 성장 발달에도 도움이 됩니다.

완전식품으로 유명한 우유나 달걀도 공부에 도움이 되는 좋은 식품입니다. 단백질이 풍부하게 함유되어 있기 때문입니다. 단백질이 부족하면 아이가 성장하지 못하고 질병에 대한 면역도 약해집니다. 따라서 식사를 할 때 육류와 두부, 달걀을 함께 먹도록 하고 빵을 먹을 때도 우유와 함께 먹도록 해주시는 것이 좋습니다.

하지만 좋은 단백질도 과도하게 섭취하면 안 됩니다. 졸림이나 우울증, 주의가 산만해지는 등의 부작용이 생길 수 있기 때문입니다.

블루베리는 플라보노이드라는 성분을 함유하고 있는데요. 플라보노이드는 뇌의 신경을 재생시키는 역할을 합니다. 게다가 기억력을 높여주는 비타민과 무기질도 다량 함유하고 있습니다. 그냥 열매로 먹어도 달콤하고 맛있지만, 요구르트와 함께 갈아 마시면 훌륭한 영양음료가 됩니다.

아이들은 공부를 시작한 지 얼마 되지도 않았는데 배고픔을 느껴 냉장고로 향하기도 합니다. 공부할 때 탄수화물의 소모가 많기 때문인데요. 그래서 공부할 때는 탄수화물을 섭취할 수 있는 간식을 주는 것이 좋습니다. 콩은 브레인 푸드라고 불리며 탄수화물을 굉장히 많이 가지고 있습니다. 볶은 콩을 간식으로 준다면 배고픔을 느끼지 않고 열심히 공부할 수 있습니다.

신체가 튼튼해야 머리도 제대로 힘을 쓸 수 있습니다. 공부를 잘하기 위해서는 기본적으로 체력이 뒷받침되어야 하는데요, 아이가 체력이 부족해 쉽게 공부를 포기한다면 식습관부터 체크해보아야 합니다.

아이에게 큰 힘이 되는 음식! 아이의 공부를 위해 어머니가 해줄 수 있는 최고의 관심입니다.

 '건강'을 강조하면서 음식을 주지 마세요.

　시카고 대학 연구진들은 독특한 연구를 하였는데요. 어린이들에게 '건강'을 강조하면서 음식을 주었을 때 오히려 역효과가 생길 수 있다는 것입니다. 우리 부모님은 아이들에게 채소나 과일 등 좋은 음식을 먹일 때 "건강에 좋기 때문에 많이 먹어야 해."라고 종종 이야기를 하는데요. 아이들은 '건강'을 강조한 말을 듣게 되면 음식이 맛이 없을 것이라고 생각하게 된다고 하네요. 맛이 없을 것이라는 생각에 건강을 강조한 음식은 잘 먹지 않는다고 합니다.

09

잠 깨우는 수험생 드링크 음료
마실까 말까?

혹시 '서울대 드링크', '붕붕 드링크'에 대해 들어본 적이 있나요?

'레드불, 핫식스'와 같은 고카페인 에너지 음료가 편의점에서 요즘 불티나게 팔리고 있습니다.

2013년 통계에 의하면 고카페인 에너지 음료 구매자의 41%가 20 대, 23%가 10대일 정도로 학생들의 에너지 음료 소비는 큰 비중을 차지하고 있습니다.

하지만 이에 만족하지 못한 수험생들은 에너지 음료와 '박카스', '포카리 스웨트'를 섞어 서울대 드링크, 붕붕 드링크를 제조해 마신다 고 합니다.

서울대 드링크, 붕붕 드링크를 마시면 일정 시간 지치지 않는 각성효과가 생깁니다. 하지만 각성효과 뒤에는 만만치 않은 후유증이 뒤따릅니다.

전문가들은 붕붕 드링크를 과도하게 섭취할 경우 정교한 운동이나 지능 활동에 장애가 올 수 있다고 합니다.

심지어 붕붕 드링크를 섭취하다 심한 경우 격한 흥분으로 장기간에 걸쳐 지속되는 심한 경련인 강직성 경련이 발생해 사망에 이를 수도 있습니다.

캐나다 워털루대학과 달하우지대학 연구팀이 고등학생 8천여 명을 대상으로 연구한 결과 에너지 음료를 마시는 학생들은 마시지 않는 학생들에 비해 우울증에 걸릴 위험이 더 크다고 밝혔습니다.

일순간 공부의 효율 높이기 위해서 마시는 에너지 음료. 하지만 정신과 육체의 건강을 지키기 위해서는 에너지 음료에 의존하지 말아야 겠습니다.

 에너지 음료에 대한 세계 각국의 시선

- 미국 의학협회는 에너지음료가 심장이나 건강에 좋지 않은 영향을 줄 수 있다며 18세 이하 청소년들에게는 판매를 금지해야 한다고 의견을 제시하였습니다.

- 프랑스 의회에서는 에너지음료의 소비를 줄이기 위해 에너지음료에 세금을 부과하는 법안을 통과시켰습니다.

탄산음료 NO!
건강음료 OK!

아이들은 어린 시절부터 탄산음료에 익숙해져 있습니다. 패스트푸드점에 가면 4~5살 된 어린아이들도 패스트푸드와 함께 탄산음료를 마시고 있는 모습을 자연스럽게 볼 수 있죠.

청량음료 작은 캔 250ml에 든 당분은 29g입니다. 국민 하루 평균 당류 섭취량은 61.4g인데 2캔만 마셔도 하루 섭취량이 되죠. 어릴 때부터 탄산음료의 달달한 당분에 빠지면 쉽게 빠져나오지 못하는데요.

성장기 청소년기가 되어서도 건강음료보다 탄산음료에 더 쉽게 손이
가게 됩니다.

탄산음료에 든 액상과당은 과식을 유발하여 비만의 위험을 높일 수
있으며 영양소가 없고, 오히려 신체의 비타민이나 미네랄을 뺏어갑니
다. 탄산음료 속의 인산은 칼슘의 흡수를 방해하고, 배설하게 하기 때
문에 성장기 어린이와 청소년들에게 좋지 않습니다.

아이에게 좋은 것만 먹이고 싶은 것은 모든 부모의 바람입니다. 그럼 탄산음료에 길들여진 아이를 탄산음료로부터 해방시키는 방법은 없을까요? 탄산에 익숙해진 아이들에게 탄산의 톡 쏘는 느낌은 살리면서 피로회복에 좋고, 풍부한 비타민 공급하며 아이의 면역력을 높여주는 오미자청 탄산 주스가 효과적입니다.

　마트에 파는 탄산수와 몸에 좋은 과실 원액을 섞으면 아이의 두뇌 운동 활성화, 면역 강화, 원기 회복에 도움이 되는 음료를 만들 수 있습니다.

　여학생들의 경우 오랜 시간 책상에 공부하다 보면 변비로 고생하는 경우가 많습니다. 탄산수에 매실을 섞어 매실 탄산 주스를 만들어주면 변비와 피부 트러블로 고민인 여학생들의 변비 예방 및 피부미용에 좋습니다.

　탄산 주스뿐만 아니라 평소에 보이차, 녹차, 홍차 등의 티백 음료를 마시는 것도 좋습니다. 녹차의 경우 녹차 속의 '에피갈로카테킨 갈레이트 epigallocatechin gallate EGCG'라는 성분이 두뇌 세포를 활성화하고 기억

력과 공간 지각력을 향상시켜줍니다.

단, 녹차가 두뇌작용을 활성화시켜 주기는 하지만 녹차에도 카페인이 들어 있습니다. 녹차 티백 하나에는 카페인이 15mg이 함유되어 있는데, 청소년의 경우 하루에 125mg 이상을 마시게 되면 불면증, 집중력 저하 등이 올 수 있기 때문에 적당히 마시는 것이 좋습니다.

 설탕물로 가글 하면 집중력이 유지된다

미국 조지아 대학 심리학과 연구팀은 대학생 51명 대상으로 설탕물이 인체에 미치는 영향에 관해 연구를 했는데요, 설탕물로 입을 헹구면 자제력이 커져서 집중력을 계속 유지할 수 있다는 연구결과가 나왔습니다. 설탕물은 포도당이 많이 들어 있는데, 실험 결과 포도당이 혀의 탄수화물 센서를 자극해 자제력과 관련된 뇌에 전달되면서 집중력이 유지됩니다. 우리 아이 집중력이 떨어질 때 설탕물로 가글 하게 하면 공부하는 데 도움이 되겠네요.

11

아이가 **그만** 공부하길 바라면 간식을 주면 된다

　아이가 공부방에 들어가 공부를 시작하게 되면 어머니들은 아이에게 맛있는 간식을 챙겨주고 싶어합니다. 인터넷에서 아이의 공부집중에 도움이 되는 간식을 검색해보고 직접 만들어주기도 하는데요. 어머니의 정성이 들어간 맛있는 간식을 먹는 만큼 공부도 열심히 해주었으면 좋겠다는 생각을 하게 됩니다.

공부를 열심히 하다 보면 배가 고파지게 됩니다. 배가 고파지기 때문에 많은 양의 칼로리가 소모된다고 인식됩니다. 하지만 이는 몸에 저장된 탄수화물이 소비되어 느끼는 공복감으로 공부할 때는 그리 많은 칼로리를 소모하지 않습니다. 보통 1시간을 공부하면 약 60Kcal 정도만 소모됩니다. 그래서 공부를 열심히 해도 살은 빠지지 않습니다.

생각보다 적은 칼로리를 소모하지만 공부는 끊임없이 뇌를 사용하기 때문에 체감 소모 칼로리는 조금 더 높게 느껴지게 마련입니다.

하지만 아이가 공부할 때 공부방에 가져다주는 간식은 '그만 공부해!'라는, 뜻하지 않은 메시지도 담겨있답니다!

간식은 뇌로 가는 혈류량을 줄이는 대신 위장으로 가는 혈류량을 증가시켜 두뇌 활성을 저하시킵니다. 또한, 음식 섭취에 따른 포만감으로 졸음이 오기도 쉽습니다. 그뿐만 아니라 책상 위에 간식이 있으면 눈과 손이 자꾸만 책이 아닌 간식으로 향하게 됩니다.

간식을 먹으면서도 공부에 집중할 수 있을 것이라고 생각하지만, 간식에 눈과 손이 갈 때마다 집중이 흐트러지게 되죠. 게다가 간식을 다 먹은 후에 손에 묻은 이물질 탓에 찝찝하고 끈끈한, 불쾌한 느낌, 과자가루로 인해 지저분해진 책상 때문에 공부하기 불편해집니다. 또한, 다 먹고 난 후에도 빈 그릇을 보며 아쉬움을 느끼며 맛을 되새기게 되죠.

공부하다가 중간에 잠깐 간식을 먹는 것과 간식을 먹으면서 공부하는 것은 다릅니다. 공부에 집중해야 할 아이의 뇌를 책상 위에 올려진 간식들을 언제 어떻게 먹을지 계산하도록 하지 마세요.

아이의 사회성은 가족과의 식사로 발달할 수 있다

　가족과 함께하는 식사는 아이의 사회성을 높여줍니다. 영국 미들섹스 대학 및 미국 오클라호마 대학 연구진들이 이와 관련된 연구 결과를 발표하였는데요. 부모와 함께 식사를 하는 아이들이 그렇지 않은 아이에 비해 사회성이 10% 이상 높았고 비뚤어질 확률이 8% 이상 줄어들었다고 합니다. 이것은 가족과 함께 이야기를 나눌 때 부모의 언어 및 행동을 배우기 때문입니다. 아무리 즐거운 식사시간이라도 잔소리는 안 됩니다. 시어머니가 밥상머리 교육을 하면 아무리 좋은 이야기라도 불편해지는 마음과 같은 것이지요.

12

우리 아이를 **피로**하게 하는
음식 알레르기

선진국 인구의 60% 이상이 앓고 있는 음식 알레르기는 이제 심각한 현대병입니다. 특정한 음식을 먹었을 때 비정상적 면역 과민반응이 일어나는 것을 음식 알레르기라고 합니다.

알레르기를 일으키는 대표 음식

알레르기는 음식을 먹고 얼마 안 되어서 증세가 나타나는 급성 알레르기도 있지만, 증상이 미미하게 나타나는 만성 음식 알레르기도 있습니다. 만성 음식 알레르기가 있다면 원인 모를 피로감이나 복통, 식욕부진 등 광범위한 증상에 자신도 모르게 시달리고 있을 수 있습니다.

특히, 급식을 먹는 학생들의 경우 자신의 알레르기에 대해 잘 알지 못하면 음식을 가려서 섭취하기가 어렵습니다. 13세까지는 특히 음식 알레르기에 대한 과민 반응이 심하게 나타나는 나이이기 때문에 음식 알레르기 테스트는 13세 이전에 시행해보는 것이 좋습니다.

음식 알레르기는 점점 더 증가하는 추세인데요, 2013년에는 우유 알레르기가 있는 학생이 급식을 먹고 뇌사상태에 빠지는 일까지 발생했습니다.

이로 인해 2013년부터 개정된 급식법에는 알레르기 유발 식품 공지를 의무화하였습니다. 일본, 미국, 오스트리아와 같은 나라의 일부 학교에서는 음식 알레르기가 있는 학생을 위해 대체 도시락을 준비하거나 대표적 알레르기 유발 식품인 땅콩을 들여오지 못하도록 '땅콩금지구역'으로 설정하기도 하였습니다.

만약 자녀가 원인을 알 수 없는 두드러기, 천식, 편두통, 비염, 위장 증세를 보인다면 음식 알레르기에 대한 정확한 진단을 통해 꼭 피해야 할 음식에 대해 알아두어야 하겠습니다. 또한, 평소 식품성분표를

확인하는 습관을 기르도록 하여 건강한 음식 섭취를 할 수 있어야 합니다.

음식 알레르기 검사법

- **혈액 검사법**: 피 50mL 정도를 뽑아 분석하며 절차와 과정이 복잡하지 않은 편이라 어린아이에게 많이 시행됩니다. 0~6단계로 나뉘며 높은 단계일수록 알레르기 반응도 심하다고 볼 수 있습니다.

- **피부 단자검사, 피부 첩포검사**: 두 검사 모두 항원을 피부에 직접 접촉시켜 반응을 보는 검사로 가장 확실하게 알 수 있지만, 각 항원에 대한 반응이 없을 경우 지속적으로 확인해야 한다는 단점이 있습니다.

- 만성 알레르기 검사는 급성 알레르기 검사와 다르기 때문에 알레르기를 전문으로 하는 병원에서 진단받는 것이 좋습니다.

13

똑똑한 엄마의
아로마 활용법

아로마 향이 가득한 카페나 화원 또는 캔들 전문점에 들어가 본 경험이 있나요? 아로마 제품의 은은한 향기에 정신이 맑아지고 기분이 좋아지는 것을 느낄 수 있습니다.

아로마란 허브를 채취하여 사용하기 편리하도록 가공한 상태를 의미합니다. 사람의 원기를 회복하고 면역기능을 강화시켜주는 성분이 들어있는 아로마는 사람들의 심리 치료에도 유용하게 쓰이고 있는데

요. 기쁨의 향기라는 뜻의 아로마 aroma 와 치료법의 뜻인 테라피 therapy 를 합성한 '아로마테라피 aromatherapy '라는 용어는 주변에서 쉽게 들을 수 있습니다.

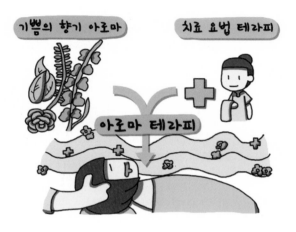

아로마테라피는 여러 가지 향을 사용하여 스트레스나 우울증 등을 없애고 집중력을 높입니다.

라벤더는 불안정한 마음을 안정시켜주는 역할을 합니다. 공부에 지쳐 피로감을 느낀다거나 충분한 숙면을 취하지 못한다면 라벤더의 향을 이용하여 안정감을 느끼게 할 수 있습니다.

페퍼민트의 시원한 향은 머리를 맑게 해줄 수 있습니다. 페퍼민트 향이 아이의 정신을 맑게 해주기 때문에 자연스레 집중력을 향상시켜 줍니다. 또한, 소화가 잘 안 된다거나 잔기침이 심한 아이들에게도 도움이 됩니다.

아이가 무기력하다거나 현기증을 일으킨다면 로즈메리 향을 활용해 보세요. 예전부터 로즈메리는 '학자의 허브'라는 이름이 붙을 정도로 공부에 도움이 되는 향입니다. 로즈메리는 뇌의 활성도를 높여 기억력과 집중력 향상에 도움을 줄 수 있습니다.

몸의 기운을 잘 흐르게 해주고 통증을 가라앉게 해주는 향은 목향입니다. 목향은 오랜 시간 맡을 경우 정신을 맑게 해주고 마음을 편안하게 해주는 특성을 가지고 있습니다. 몸과 마음이 지치고 스트레스가 많이 쌓여서 힘들어하는 아이에게 효과적입니다.

이렇게 좋은 효과를 가지고 있는 아로마이지만 아이의 체질이나 상태에 따라서 효과가 달라질 수 있으니 꼭 전문가와 상담 후에 사용하세요. 그리고 아무리 좋다고 과다하게 사용하면 좋지 않습니다. 아이에게는 성인이 사용하는 용량의 절반 정도만 사용하도록 합니다.

지속적으로 좋은 향을 맡으며 공부를 하다 보면 자연스럽게 집중력도 높아지고 스트레스도 떨어지는 등 좋은 효과를 볼 수 있을 것입니다.

 불쾌함을 느끼지 않는 온도와 습도

춥거나 더우면 공부하는 데 집중하기 어렵습니다. 공부에 방해받지 않고 집중하기 좋은 온도는 겨울철에는 23도 내외, 여름철에는 27도 내외입니다. 습도는 계절과 관계없이 50% 정도가 좋은데요. 일반적으로 온도는 높은 것보다는 약간 낮은 곳에서 하는 것이 집중하는데 유리합니다. 왜냐하면, 따뜻한 환경은 졸리게 하기 때문입니다. 적당한 온도와 습도가 갖추어진 공부방에 아로마 향과 함께한다면 집중력은 물론 건강까지 챙길 수 있겠네요.

14

공부방의 공기를
피톤치드로 채우자

 환상의 섬 제주도에 가면 유명한 관광지인 '사려니 숲길'이라는 곳
이 있습니다. 정말 영화에서나 나올 법한 아름다운 숲길을 따라 걸으
면 처음 보는 식물도 많고, 숲 속의 공기가 너무 좋다 보니 저절로 마
음이 편안해지고 머릿속이 맑아지는 것을 느낄 수 있습니다.

숲길이나 삼림욕장을 걸을 때 느낄 수 있는 편안함과 상쾌함은 과연 무엇 때문에 느낄 수 있는 것일까요? 바로 식물들이 뿜어내는 '피톤치드'라는 성분 때문입니다.

모든 식물은 외부 공격으로부터 휘발성의 물질을 내뿜어 보호하려는 특성이 있습니다. 이것이 '피톤치드'입니다. 공기 중에 섞인 피톤치드가 사람의 몸속에 들어가게 되면 스트레스가 해소되고 살균작용을 통해 심폐 기능이 좋아진다는 연구 결과가 있습니다.

우리 아이들이 항상 이런 느낌을 받으면서 공부를 하면 좋겠지만, 그렇다고 숲 속에서 공부할 수는 없고, 숲을 통째로 옮길 수도 없으니 어떤 방법이 좋을까요? 실제로 피톤치드 스프레이를 방 안에 뿌리

는 방법도 있지만 그것보다는 공부방 안에 식물을 키우는 것이 가장 좋은 방법입니다.

공부방에 가장 인기 있는 식물은 바로 로즈메리입니다. 허브의 한 종류인 로즈메리는 특유의 향을 가지고 있기 때문에 방향제로도 많이 사용되는 것을 자주 볼 수 있습니다. 음이온을 발생시키고 이산화탄소를 빨아들이는 로즈메리는 두뇌를 맑게 해주어 스트레스를 감소시키고 기억력을 높여주는 데 좋은 역할을 하는 식물 중 하나입니다.

특이한 이름의 '팔손이 나무'도 공부방에 두기 좋은 식물입니다. '팔손이 나무'는 잎이 8갈래로 나뉘어 있어서 붙여진 이름입니다. 그늘에서도 잘 자라고 외부 공해에도 강한 식물이기 때문에 공부방에서 키우는데 어려운 식물이 아닙니다. 팔손이 나무는 공기 정화 능력이 다른 식물들보다 탁월하기 때문에 방의 안쪽보다는 창가에 가까이 두고 키우는 것이 좋습니다.

아이들이 늦게까지 공부하는 모습을 보면 안쓰럽다고 느끼게 됩니다. 이번에 소개할 식물은 엄마의 마음을 가졌는지 '안스리움'이라는 이름을 가진 식물입니다. '안스리움'은 암모니아와 악취제거에 탁월한 능력을 가지고 있습니다. 그리고 공기에 유해한 물질들을 제거해주기 때문에 공부방에서 기른다면 더할 나위 없이 좋은 식물입니다.

'산세베리아'는 한때 큰 유행을 탄 적이 있었는데요, 방 안의 이산화탄소를 흡수하고 산소를 뿜어내는 식물이기 때문입니다. 잎이 넓고 길쭉한 것이 특징이며 생명력이 다른 식물에 비해 강하기 때문에 공부방에서 손쉽게 기를 수 있습니다.

잔잔하게 물이 담긴 항아리 뚜껑 안에 자리 잡고 있는 행운목을 자주 보셨을 겁니다. 행운을 가져다준다는 의미의 행운목은 물에 담가

주기만 하면 잘 자라기 때문에 관리하기가 다른 식물보다도 쉽습니다. 행운목은 실내의 미세먼지를 잡아주고 공기 정화 역할을 합니다. 아이들의 기관지에도 좋고 맑은 공기를 만들어주기 때문에 더 큰 행운이 아이들에게 따를 것 같습니다.

 잘 쉬는 아이가 공부도 잘한다

아이 방에서 키우는 식물들은 아이의 눈이 쉴 수 있는 공간이 되는데요, 이런 식물들이 많은 곳에서 휴식을 취한다면 피로회복도 더 빨리 됩니다. 휴식을 잘 취하는 아이가 자기조절능력과 학업성취도도 높은데요, 휴대폰이나 게임이 아닌 식물에 물을 주거나 밖에서 운동하는 등의 활동으로 휴식을 취하는 습관을 가지도록 해보세요.

15 📖

잠을 자면
기억력이 좋아진다

밤을 새워서 공부한 다음 날 시험을 망친 경험이 있나요?

공부한 시간은 밤을 새워서 한 날이 푹 잔 날보다 더 많았는데도 불구하고 왜 성적이 낮게 나왔을까요?

뉴욕 의과대학의 원 뱌오 간 교수의 쥐를 대상으로 한 실험에 따르면 수면이 기억력에 미치는 영향을 알 수 있습니다. 쥐가 낮에 미로를 통해서 먹이를 찾아가게 하는 활동을 하게 한 후 그다음 날 다시 미로를 찾아가게 한 쥐 실험을 하였는데, 잠을 충분히 잔 쥐는 빠르게 미로를 통과해 먹이를 찾은 반면, 잠을 충분히 자지 못한 쥐는 미로를 찾아 먹이가 있는 곳으로 가는 시간이 오래 걸리는 것을 관찰하였다

고 합니다. 즉, 잠을 방해하면 기억을 잘못한다는 것입니다.

사람의 뇌에는 '해마'라는 단기기억을 저장하는 곳이 있습니다. '해마'에 저장된 기억은 자는 동안 대뇌로 옮겨지는데, 이 과정에서 기존에 있던 기억들과 연결되면서 오랫동안 기억을 할 수 있게 됩니다. 하지만 잠을 자지 못하면 해마에 저장된 기억들이 대뇌로 옮겨지는 데 방해를 받습니다.

또한, 피로해진 뇌는 잠을 통해 휴식을 취합니다. 집중력과 기억을 방해하는 것은 뇌세포의 피로인데, 수면은 뇌세포가 피로해지지 않게 해줍니다.

한때 CF에서 히트 친 '밤 새지 마란 말이야'라는 개그맨 김국진의 유행어를 기억해야 할 것 같습니다.

등교 시간을 늦추면 성적이 올라간다?

최근 미국에서는 등교 시간을 늦추는 학교가 늘고 있습니다. 한 시간 등교 시간을 늦춘 학교에서 성적이 올라가고 각종 사고가 줄어들었기 때문인데요. 8시간 이상 취침한 아이들이 학업성취도가 높고 폭력 등 사고 가능성도 확연히 떨어진다는 미네소타대학의 연구결과가 뒷받침해주고 있습니다. 잠을 줄여서 공부하는 것이 성실하다고 여겨 아이들도 늦게 자고 일찍 일어나는 경우가 많은데요, 일찍 자고 충분히 수면을 취하도록 하는 것이 마음도 신체도 건강한 아이로 키울 수 있습니다.

세이렌의 유혹을 이겨낸
이어 플러그(귀마개)

세이렌은 감미로운 노래를 불러서 선원들을 유혹하는데요, 유혹당한 선원들은 세이렌의 먹이가 되었지요. 아름다운 세이렌의 노랫소리 때문에 그곳을 무사히 지나가는 배가 거의 없을 정도였습니다. '트로이 목마'의 주인공 오디세우스도 세이렌과의 유명한 일화를 남겼습니다.

오디세우스는 세이렌 섬 근처를 지날 때 선원들이 노랫소리를 듣지

존 윌리엄 워터하우스, 1891년 작

못하도록 밀랍으로 귀를 막아버렸지요. 그리고 자신도 유혹에서 벗어나기 위해 돛대에 밧줄로 몸을 꽁꽁 묶어 세이렌 섬을 탈출하게 됩니다.

오디세우스의 선원들이 세이렌의 유혹을 피하기 위해 사용한 밀랍 귀마개가 역사상 최초의 귀마개입니다. 이후 1907년 독일의 발명가 Max Negwer가 창설한 Ohropax에서 귀마개를 만들기 시작하였습니다.

현재는 시끄러운 소리를 막는 용도 이외에도 수영할 때 물이 들어가지 않도록 하거나 작업 현장에서 먼지나 거센 바람을 막는 용도로도 사용되고 있습니다.

청각을 보호하기 위한 용도로 사용되는 귀마개는 재질이나 형태에 따라 종류가 다양한데요, 우리가 자주 접하는 살색의 귀마개는 메모리폼으로 되어 있습니다. 가격이 저렴해서 작업 현장은 물론 학생들에게까지 널리 사용되고 있지요.

두 번째는 실리콘으로 만들어진 귀마개입니다. 수영할 때 방수를 목적으로 많이 사용하는데요. 장기간 사용할 수 있는 메모리폼 귀마개와 달리 몇 번 사용하면 굳어버리기 때문에 오래 사용하지는 못합니다.

세 번째는 하이파이 귀마개입니다. 음악을 하는 사람들은 높은 볼륨의 소리에 많이 노출될 수밖에 없는데요, 노래를 들어야 하는 사람들이기 때문에 완전히 방음 되는 귀마개를 사용

할 수는 없습니다. 그래서 높은 소리를 적당한 음역으로 조절해서 들려주는 역할을 하는 하이파이 귀마개를 사용합니다. 청각 손실의 위험을 방지하면서도 음악을 듣는 즐거움 또한 누릴 수 있지요. 그런데 가격이 비싸다는 단점이 있습니다.

공부하는 학생들도 주변 소음에 방해를 받지 않기 위해서 귀마개를 자주 사용합니다. 메모리폼 귀마개와 같은 경우 오래되고 오염되었을 때 물로 씻어서 사용하는 경우가 있는데요, 그렇게 되면 원래의 기능도 줄어들 뿐만 아니라 세균감염의 위험도 있으니 새것으로 교체하는 것이 좋습니다. 너무 장기간 사용하게 되면 기능이 저하될 수 있고 귀의 압력이 올라가서 고막이나 귀에 이상을 초래할 수 있습니다. 그리고 귀마개에만 의존하게 되면 귀마개가 없는 환경에서는 소음에 예민해져 집중하기 힘들어지죠.

가장 좋은 해결법은 소음이 있어도 공부에 집중할 수 있는 집중력이겠죠?

포크 대신
젓가락을 쥐여 주자

"숟가락이나 포크로도 질질 흘리는 아이에게 젓가락으로 음식을 먹게 하는 것은 애 키우는 엄마들의 고생을 모르고 하는 말이에요."

서양 식습관이 널리 퍼지면서 어른 중에서도 젓가락질에 서툰 사람이 많습니다. 어린아이들의 경우 포크 숟가락이 시중에 널리 나오면서 포크 숟가락을 어릴 때부터 많이 사용하게 합니다. 숟가락이나 포크로도 질질 흘리는 아이에게 젓가락을 사용하게 하는 것은 아이를 키우는 엄마의 마음을 이해 못하는 생각일까요?

아이를 키우는 엄마들은 아이의 두뇌 발달에 도움이 된다면 값비싼 놀이 교구 및 도서를 사는 데 주저하지 않습니다. 하지만 아동발달 전문가들은 젓가락이야말로 아이의 두뇌를 발달시키는 최고의 도구라고 말합니다. 어떤 값비싼 교구보다도 젓가락이 아이의 두뇌발달에 효과적이기 때문이죠.

단순히 젓가락 문화를 가진 나라이기 때문에 어릴 때부터 젓가락 사용을 강조하는 것은 아닙니다. 젓가락질은 단순히 음식을 집는 것이 아니라 정교한 손놀림을 의미합니다. 한 번의 젓가락질을 위해서는 30여 개의 관절과 60개의 근육을 사용하는데, 이는 고도의 복잡한 운동으로 두뇌 발달에 직접적인 영향을 줍니다.

　최근에는 젓가락 사용에 대한 서양 사람들의 관심이 높아져서 젓가락 사용법에 관한 도서가 호주에서 베스트셀러가 되는 등 젓가락 사용의 효과성에 관한 연구가 활발히 진행되고 있습니다.

　두뇌 발달에 도움이 되는 젓가락질은 몇 세부터 시작하는 것이 좋을까요?
　아이가 생후 24개월~36개월이 되면 엄마의 행동을 따라 하려 하고, 부모가 하는 것이면 자신도 해보려는 시도를 많이 하게 됩니다. 그러므로 3~4세 정도의 시기에 젓가락질을 시작하는 것이 좋습니다. 이 시기가 지나서도 포크 숟가락을 주로 사용하면 익숙해진 포크 숟가락을 사용하려는 행동이 강하게 나타나기 때문에 젓가락질을 배우기 더 어려워집니다.

　3~4세 때 아이들이 어른들의 젓가락을 사용하기는 쉽지 않습니다. 이럴 때 마디에 손가락을 끼울 수 있는 에디슨 젓가락을 사용하면 도움이 됩니다. 에디슨 젓가락을 사용하면 젓가락 사용법을 쉽게 터득할 수 있습니다.

초등학교에 입학하게 되면 학교에서 젓가락으로 콩 집기 놀이를 하는데, 가정에서도 젓가락질을 아이에게 가르칠 때 강압적으로 젓가락질을 시키기보다는 콩 집기 놀이처럼 즐겁게 아이가 젓가락질에 익숙해지도록 도와주는 것이 좋습니다. 부모와 함께 젓가락질 놀이를 하면 젓가락질 능력도 향상되고, 두뇌발달은 물론 정서함양에도 도움이 됩니다.

젓가락으로 풍선 배드민턴 하기, 콩 빨리 옮기기 놀이, 젓가락으로 그림 그리기 놀이 등을 통해 두뇌 발달의 최고 교구인 젓가락을 활용해 보세요!

Part 4.

엄마가 제대로 알고 행하면
아이는 변한다

01

물리적 환경만큼 중요한
심리적 환경

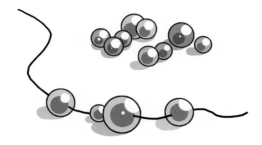

옛말에 "구슬이 서 말이라도 꿰어야 보배다."라는 속담이 있습니다.

아무리 좋은 공부방을 꾸며주어도, 의자에 앉아 있는 모습을 보여주지 않는 아이. 꿰어야 할 구슬은 영롱하게 준비되어 있지만, 구슬의 주인은 구슬을 꿸 생각을 하지 않고 있네요!

구슬을 준비해줘도 꿸 생각을 하지 않는 아이의 문제점은 바로 심리적 환경에 있습니다. 공부하는 환경은 크게 '물리적 환경', '신체적 환경', '심리적 환경', 세 가지로 구성되어 있습니다. 이 셋 중에 가장 까다롭고 어려운 환경이 바로 '심리적 환경'입니다. 물리적 환경과 신체적 환경은 바로 확인할 수 있는 경우가 많지만, 심리적 환경은 그렇지 않기 때문입니다.

이 세 가지 공부환경은 동떨어져 존재하는 것이 아니라 긴밀한 관계를 맺으며 서로에게 영향을 끼칩니다. 물리적 환경이 좋지 않을 때 신체적으로 악영향을 받을 수 있으며, 몸이 건강하지 않을 때 심리적으로도 불안할 수 있습니다. 또한, 심리적으로 건강하다면 물리적 환경의 영향을 덜 받을 수도 있고, 공부방이 신체나이에 맞게 잘 꾸며져 있다면 올바른 자세를 가질 수도 있습니다.

그렇다면 '심리적 환경'의 가장 큰 요인은 무엇일까요?

답은 대부분 아실 것 같은데요, 아이의 심리적 환경은 부모에 의해 크게 좌우되기 때문에 심리적 환경에 관한 공부는 아이보다도 부모님이 가장 열심히 해야 합니다.

아이가 직접 심리적 환경에 관해 공부하고 스스로 깨닫는다면 가장 좋겠지만 아이들, 특히 청소년의 뇌는 감정과 본능을 조절하는 이성 뇌가 아직 발달이 덜 되었으며, 감정조절을 하는 '세로토닌'이 성인에 비해 약 40% 정도 적게 분비되기 때문에 심리적 환경을 이해하고 이를 적용시키기가 어렵습니다.

이성뇌

감성뇌

본능뇌

부모가 아이를 대하는 태도는 아이가 앞으로 자신에게 일어날 일을 예측하게 하고 정서적인 안정, 혹은 불안을 줍니다. 아이가 구슬을 잘 꿰기를 바란다면 먼저 자신의 구슬이 예쁘게 꿰어져 있는지 확인해 보는 것을 잊지 마시기 바랍니다.

 심리적 환경, 이런 특성도 있어요

심리적 환경은 단시간에 이루어지는 것이 아니므로 부모의 꾸준한 노력이 중요합니다. 심리적 안정감을 주는 것은 아이의 집중력을 향상시키는 데 가장 중요한 작용을 하는데요, 심리적 환경에서 가장 중요한 요인은 부모이며, 나이가 들수록 또래와 선생님이 차지하는 비중이 점점 커지게 됩니다. 따라서 사춘기에 접어들기 전부터 부모와의 정서적 교감의 시간을 꾸준히 가지는 것이 바람직합니다.

02

엄마는
아이의 매니저?

　세상에 태어난 아기에게 '엄마'는 절대적인 존재입니다. 영·유아기에
도 마찬가지입니다.

　하지만 유치원에 다니고 학교에 가며, 아이만의 사회적 관계가 형성
되면서부터 엄마의 자리는 달라집니다. EBS 다큐프라임 「엄마의 뇌

속에 아이가 있다」에서는 아이의 발달단계에 따라 엄마의 역할을 보호자, 양육자, 훈육자, 격려자, 상담자, 동반자로 나누고 있습니다. 아이가 처한 상황에 따라, 엄마도 달라져야 한다는 것이죠.

  그런데 아이가 나이가 들고, 신체적 사회적으로 발달함에 따라 많은 부모님들이 역할이 바뀌어야 함에도 아이의 일거수일투족을 확인하고, 해야 할 일을 알려주는 매니저의 역할을 자처합니다.

매니저와 컨설턴트는 무엇이 다를까요?

매니저는 일상의 모든 것을 다 챙기며 미주알고주알 알려주는 존재이지만, 컨설턴트는 아이가 도움이나 조언이 필요할 때 찾을 수 있는 존재입니다. 부모는 아이가 어떠한 말을 하든지, 그에 대한 평가를 내리기보다는 가감 없이 들어주며 아이가 스스로 올바른 결론을 내릴 수 있는 생각의 틀을 함께 만들어 주어야 합니다.

아이들이 어른의 말을 듣지 않기 시작하는 것은 자신이 어릴 때 절대적으로 보였던 부모의 약점들이 보이기 때문입니다. 이럴 때 부모

가 인격적으로 아이에게 다가가지 못하고 더욱 권위를 내세운다면 아이는 비뚤어질 수밖에 없습니다.

  부모도 아이의 성장과 함께 커 나가는 '사람'임을 인정하고 아이의 눈높이에 맞추어 정서적으로 교감한다면 멋진 컨설턴트가 될 수 있을 것입니다.

 매니저 말고 컨설턴트!!! 이런 것이 중요해요!

– 어떤 분야의 컨설턴트든지 자신만의 방법론이 있습니다. 방법론이 많거나 복잡한 것은 중요하지 않습니다. 중요한 것은 일관성 있고 꾸준한 실천입니다.

– 부모는 아이의 상태를 객관적으로 파악하기 어렵습니다. 아이의 상태를 객관적으로 파악할 수 있는 다양한 테스트의 도움을 받는 것도 좋은 방법입니다. 아이의 상태를 파악해야 때에 맞는 도움을 줄 수 있습니다.

– 정서적으로 꾸준히 교감할 수 있는 시간을 가지는 것이 좋습니다. 만약 시간적 여유가 허락되지 않는다면 매일 손으로 쓴 쪽지를 주고받거나 일정한 스킨십을 하는 것도 도움이 됩니다.

자녀의 키워드는
무엇인가요?

당신에게 누군가가 "자녀의 꿈은 무엇인가요?"라고 질문을 한다면 어떻게 대답하겠습니까? 아마도 의사, 선생님, 변호사와 같은 구체적인 직업을 대답할 것입니다.

하지만 미래를 예측하는 많은 미래학자가 아주 머지않은 미래에 현존하는 직업들의 상당수가 사라질 것이라고 예측하고 있습니다.

자녀를 키우는 부모라면 미래에 대한 이러한 예측이 달갑지는 않을 것입니다. 하지만 이럴 때일수록 미래를 알고 준비하는 것은 정말 중요합니다.

웰코치는 그 해답을 '키워드'에서 찾았습니다.

키워드는 특정 분야에 대한 지식일 수도 있고, 취미일 수도 있고, 태도일 수도 있습니다. 키워드는 다양하지만 사실 '억지로 하는 것이 아니라, 즐기며 스스로 만들어낸 것'이라는 공통점이 있습니다.

공자는 "아는 사람이 좋아하는 사람만 못하고, 좋아하는 사람은 즐기는 사람만 못하다."라고 하였습니다. 즐기며 만든 키워드를 엮어 나만의 색깔을 가진 아이로 키운다면 미래의 불확실함을 이기는 힘을 가질 수 있을 것입니다.

미래를 위한 준비, 미래지향적인 공부는 무엇일까요?

　미래지향적인 공부는 암기력의 확인이나 단순한 문제풀이에서 그치는 것이 아니라 실제적인 문제해결력이나 창의력, 분석력을 키워주는 것입니다. 말레이시아에서는 국어, 영어, 수학, 과학과 같은 교과목을 창의적 사고, 의사소통기술, 미래 예측 등으로 대거 교체할 예정인데요. 미래지향적인 공부가 당장에 실현될 수 없는 이유는 현실적인 인프라의 문제와 평가의 어려움 등을 들 수 있습니다. 따라서 미래지향적인 공부는 학교나 사교육 기관이 아닌 집에서부터 시작되어야 합니다.

꼭 **기억**해야 하는
망각곡선

아이를 영어학원에 보내본 적이 있나요? 일부 영어학원에서는 하루에 단어를 100개씩 외우도록 합니다. 그런데 정말 100개의 단어가 머리에 남아있을까요?

아쉽게도 우리의 뇌는 컴퓨터와 같지 않습니다. 입력한 직후부터 우리의 뇌는 '잊어버리기' 시작합니다.

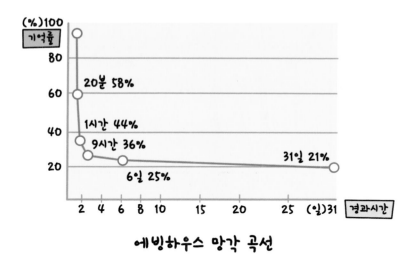

에빙하우스 망각 곡선

망각의 속도와 정도를 연구한 에빙하우스는 20분 후의 기억률은 58%, 1시간 후에는 44%, 9시간 후에는 36%, 6일 후에는 25%. 31일 후에는 21%임을 밝혔습니다.

지금 영어 단어 100개를 외운다면 20분 후에 머리에 남는 단어는 58개, 1시간 후에는 44개로 고작 1시간이 지난 후에는 반 이상을 잊어버리게 됩니다. 그렇다면 기억률을 높은 상태로 유지하기 위해서는 어떻게 해야 할까요?

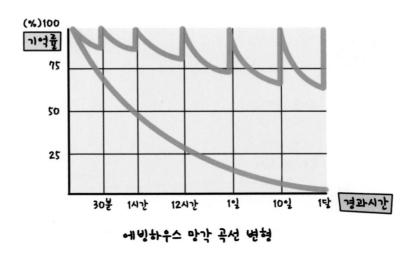

에빙하우스 망각 곡선 변형

    사람들은 에빙하우스의 망각 곡선에 실망하지 않고 이를 거꾸로 생각해보았습니다. 20분, 1시간, 9시간, 6일, 31일에 맞춰 복습을 한다면 기억률이 100%로 올라가고, 그 상태를 유지할 수 있다는 것입니다.

    실제로 복습기록표를 사용한 학습자들은 자신의 복습 기록을 게임처럼 생각하며 즐거워하였습니다.

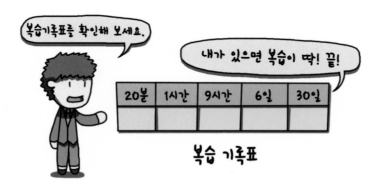

복습 기록표

이렇게 자신만의 복습기록표를 만들어 활용해보세요. 좀 더 체계적
이고 즐거운 복습이 가능할 것입니다!

헤르만 에빙하우스의 망각곡선에 대해 좀 더 알아보아요.

　에빙하우스 H.Ebbinghaus 는 인간의 기억을 처음으로 연구한 사람입니다. 에빙하우스는
처음 학습한 내용만큼을 다시 학습하여 기억하는 데 걸리는 시간을 측정하였으며, 이
를 통해 복습은 학습 직후가 가장 효율적임을 밝혔는데요. 망각곡선 그래프를 보면
망각은 학습한 하루 사이에 가장 급격하게 일어나는 것을 알 수 있습니다. 따라서 복
습은 학습한 하루 내에 하는 것이 가장 좋지요.

05

왜 우리 아이는
만화만 좋아할까?

부모님과 아이의 독서방법에 대해 이야기할 때 많은 부모님의 걱정
은 '왜 우리 아이는 만화만 좋아할까?'입니다.

우리나라의 만화 역사는 100년이 넘지만, 문화 예술의 범위 안에
법적으로 인정한 것은 2013년부터입니다. '문화예술'의 범위에 '만화'
를 처음으로 포함시킨 것인데요. 이처럼 우리나라에서 만화에 대한

인식이 그리 좋지 않았던 것이 사실입니다. 어린 시절부터 우리와 가장 가까운 곳에서 우리를 즐겁게 해주었던 만화는 어째서 천덕꾸러기 취급을 받아온 것일까요?

만화가 '불량'한 취급을 받은 이유 중 하나는 공부를 방해한다는 것입니다. 책은 한 자도 들여다보지 않는 아이가 만화만 본다면 모든 부모님이 걱정을 하겠죠?

같은 내용이라도 책은 읽기가 어렵고 만화는 술술 읽히는데요, 이것은 실은 당연한 현상입니다. 사람들은 자신이 믿는 것과 실제로 보는 것 사이에 일관되지 않은 부분이 생기면 불편한 마음이 듭니다. 그렇기 때문에 무의식적으로 이러한 불편한 마음을 제거하려 하는데요, 이것을 '인지 부조화'라고 부릅니다.

　인지 부조화의 가장 대표적인 예로는 포도와 여우 이야기가 있지요. 포도를 따 먹고 싶은데 닿지 않아 '포도가 실 거야.'라고 생각해버리는 이야기인데요.

　인지 부조화와 만화가 어떤 관계가 있을까요? 아이가 어렸을 때, 책에는 커다란 삽화 하나와 몇 줄의 문장이 있기 때문에 책을 읽는 것을 어려워하지 않습니다. 하지만 나이가 들수록 책에는 글의 양이 많아지고 사진이나 그림은 줄어듭니다. 그러면서 글과 사진, 그림이 딱 맞아떨어지지 않는 경우가 종종 생기는데요. 특히, 역사나 과학과 같이 실제의 사진을 책에 많이 활용할 때 글과 사진이 불일치하는 경우가 많습니다. 이런 경우 아이는 마음의 불편함을 느끼게 되고 내용에 대해 제대로 이해하지 못한 채로 공부해야 하는 내용을 회피하게 됩니다.

하지만 만화는 한 컷, 한 컷의 내용이 그림과 완벽히 일치되기 때문에 글을 읽고 그림을 다시 이해해야 하는 인지의 어려움이 생기지 않습니다. 따라서 인지가 조화되며 내용의 이해가 쉬운 것입니다. 이러한 만화의 장점 때문에 만화의 교육적 가치에 대한 연구는 활발히 진행되고 있으며, 현재는 사회, 과학, 영어와 같은 특정 과목뿐 아니라 정서장애아동의 치료와 같은 부분에서도 활용되고 있습니다.

만화책을 일반책보다 좋아하는 것은 청소년기에는 너무나 자연스러운 현상입니다. 중요한 것은 '어떤' 만화책을 읽는지, 혹은 지금까지

읽어왔던 책에서 학생이 인지 부조화 때문에 불편함을 느껴왔던 것은 아닌지에 대해 확인해 하는 것인데요. '만화'여서 문제인 것이 아니라 '어떤 책'을 읽는지가 중요합니다. 이왕이면 부모님도 같이 읽고, 그 내용으로 이야기를 함께 나눌 수 있는 만화책으로 골라보세요.

 인지 부조화, 이런 것들을 주의해요.

책으로 인한 인지 부조화는 교과서나, 자습서에도 숨어있습니다. 인지 부조화가 일어날 만한 문제, 그림, 사진을 모두 읽거나 이해하고 지나가야 하는 것은 아니라는 것에 대한 가이드가 필요합니다. 만화는 인지의 조화가 강하게 일어나기 때문에, 해로운 내용도 쉽게 받아들일 수 있다는 부작용이 있습니다. 따라서 자녀가 어떤 만화를 좋아한다면, 자녀가 읽는 만화의 내용에 대해 관심을 갖는 것이 중요해요.

06

질적으로 다른
공부의 재미

즐거운 개그 프로그램을 볼 때는 너무 재미있어서 저절로 웃음이
나옵니다.

공부를 할 때면 이와 반대로 "재미없어."라는 말이 저절로 나오지
요. 그런데 정말 공부는 재미없는 것일까요?

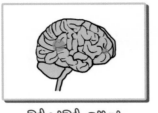

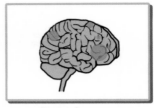

정서적 재미 　　　 인지적 재미

위의 두 뇌는 모두 '재미'를 느끼는 사람의 뇌를 찍은 것입니다. 붉은색으로 표시된 부분은 재미를 느낄 때 뇌가 활성화되는 영역을 나타낸 것입니다. 그런데 자세히 보면 두 뇌의 붉은색이 나타나는 부분이 서로 다릅니다. 같은 '재미'를 느끼는데 어째서 활성화되는 영역이 다를까요?

사실 두 '뇌'는 각기 다른 재미를 느끼고 있습니다. 개그 프로그램이나 예능 프로그램을 볼 때 정서적 재미를 느끼는 것은 좌측 뇌이고, 우측은 새로운 사실을 알고 배울 때 인지적 재미를 느끼는 뇌입니다. 이렇게 공부를 하면 질적으로 다른 재미를 느낄 수 있습니다.

하지만 안타깝게도 대부분의 학생들이 질적인 재미를 느끼지 못하고 있는 것이 사실인데요, 새로운 것을 배우는 기쁨을 느끼기보다는 시험의 압박으로 이미 배운 내용을 반복적으로 암기하기 때문입니다.

같은 내용이라도 교과서로 배운 후 영상을 보며 입체적으로 알아보고 토론을 통해 심화한 후, 자신의 언어로 프레젠테이션을 하는 것과 같은 다양한 방식으로 공부한다면 공부를 하는 '질적으로 다른 재미'

를 느낄 수 있을 것입니다.

 공부의 인지적 재미를 느껴보세요.

복잡한 형식의 과제를 해결하면 그 과목에 대한 흥미도가 높아집니다. 단, 사전 지식의 범위에서 너무 벗어난 과제는 오히려 역효과를 불러일으킬 수 있기 때문에 난이도가 적당히 높은 과제를 주는 것이 중요해요. 단순한 암기와 일차원적인 시험은 공부의 인지적 재미를 떨어뜨리는 주범입니다.

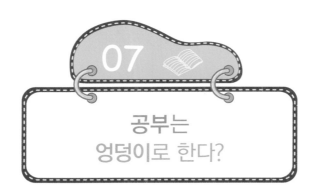

07

공부는
엉덩이로 한다?

공부는 머리로 하는 것이 아니다.

엉덩이로 한다.

타고난 재능보다 성실한 노력이 값지다.

머리로만 얻는 것은 한때의 칭찬뿐이다.

– 정민,『책 읽는 소리』중에서 –

아마 위의 글을 읽고, 대부분의 부모님들은 고개를 끄덕이실 것입니다. "공부는 엉덩이로 한다."라는 말은 어렸을 때부터 부모님께 많이 들었던 말입니다. 정말 공부의 결과는 엉덩이를 붙이고 있는 시간과 상관이 있을까요?

답은 그렇기도 하고, 아니기도 하다는 것입니다. 궁둥이를 붙이고 앉아있는 만큼의 효과를 얻으려면 한 가지를 절대 기억해야만 합니다. 그것은 바로 '메타 인지 meta cognition'입니다.

위의 그림은 자동차 경주 게임을 하는 장면입니다. 그런데 이 화면만 보면서 자동차 경주 게임을 한다면 잘 달릴 수 있을까요?

위의 그림은 어떤가요?

같은 화면에 전체 맵이 추가되면서 내가 어디쯤 와있고, 앞으로 어떤 굴곡이 나타날지 알 수 있습니다. 특히, 처음 경주를 해보는 코스라면 전체 맵의 유무는 결과에 큰 영향을 줄 수밖에 없습니다.

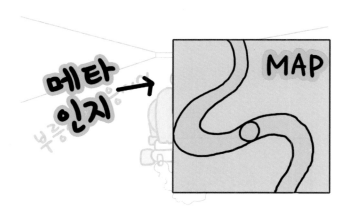

메타 인지는 바로 이 전체 맵과 같은 것입니다. 내가 어디쯤 있는지 아는 것, 그것이 메타 인지입니다. 메타 인지라는 용어 자체의 뜻은

'아는 것에 대해 아는 것'입니다. 시험을 친 날, "몇 점 받을 것 같니?"
라는 엄마의 질문에 첫째 아이는 "쉽던데? 백 점 받을 것 같아."라고
답을 했고, 둘째 아이는 "70점쯤 받을 것 같아."라고 답했습니다. 시
험결과는 둘 다 70점이었습니다. 이 경우 첫째와 둘째 중 누구의 메타
인지가 높은 것일까요?

메타 인지가 높은 사람은 둘째 아이입니다.

둘째는 자신이 알고 있는 내용과 모르고 있는 내용에 대해 확실히
'알고' 있었기에 자신의 시험결과를 정확히 예측할 수 있었습니다. 재
미있는 사실은 학창시절의 절대적 시험점수의 차이보다 메타 인지의

차이가 이후의 삶의 질에 더 큰 영향을 끼친다는 것입니다.

자, 다시 엉덩이 공부법을 생각해 봅시다.

메타 인지에 대한 고려 없이 엉덩이 붙이고 있는 시간만 긴 사람은 전체 맵 없이 자동차 경주 게임하는 선수와 같습니다. 메타 인지라는 전체 맵을 꼭 획득하여 엉덩이 자동차 경주에서 꼭 승리하길 바랍니다.

 메타 인지는 어떻게 훈련하는 것이 효과적인가?

메타 인지 훈련에는 왕도가 없습니다. 꾸준한 자기점검이 제일이죠. 시험을 치거나 문제를 푼 뒤, 자신이 왜 틀렸는지에 대해 충분한 시간을 투자하여 공부해야 하고, 친구나 부모님을 불러서 내용을 설명하는 '선생님 놀이'를 지속적으로 합니다. 공부하는 책의 목차나 제목을 보고 내용을 설명할 수 없다면 '제대로 아는 것'이 아닙니다.

08 추상적인 잔소리, 구체적인 칭찬

세계적인 마에스트로 레너드 번스타인은 '칭찬의 리더십'을 실천한 대표적인 인물입니다. 번스타인은 칭찬의 세 가지 법칙을 잘 지켰다고 합니다.

번스타인의 칭찬을 받은 오케스트라 단원들은 스스로 무대의 주인공임을 알고 더욱 실력을 갈고 닦았기에 번스타인의 오케스트라는

항상 능동적이며 자율적이었습니다. 또한, 세계적 마에스트로인 번스타인에게 칭찬을 받기 위해 끊임없이 노력하였습니다.

하지만 칭찬은 쉽지 않습니다. 칭찬에 대한 수많은 서적들이 있는 것은 이를 반증합니다. 칭찬은 양날의 검과도 같기 때문에 잘못된 방법으로 칭찬을 하면 오히려 역효과를 불러올 수도 있는데요.

EBS 다큐프라임 「칭찬의 역효과」에서는 자신이 한 일에 비해 과도한 칭찬을 받은 아이들이 부담을 느끼며 그 칭찬에 부응하기 위해서 컨닝을 하는 모습을 볼 수 있습니다.

또 하나의 실험에서는 책을 '많이' 읽으면 칭찬 스티커를 주었는데, 그러자 아이들이 쉬운 책을 골라 건성건성 읽으며 읽은 책의 숫자에만 신경 쓰는 모습을 보였습니다.

하지만 이러한 역효과에도 불구하고 칭찬의 힘을 포기할 수는 없습니다. 여러 가지 칭찬의 법칙이 있지만, 그 법칙들이 공통적으로 말하는 것은 '구체적이어야 한다'는 것입니다.

아이에게 평소에 하는 칭찬에 대해 생각해 보세요. 혹시 과장되거나 추상된 표현은 없나요? 추상적인 단어에는 '공부'도 들어갑니다. '공부해라'라는 말에서 '공부'가 어떤 의미인지 자기 생각을 적고 자녀의 생각과 비교해보세요. 이러한 추상적인 단어들을 사용하는 것은 '잔소리'일 뿐 조언도, 칭찬도 아닙니다.

추상적인 잔소리는 인제 그만! 구체적인 칭찬으로 아이를 춤추게 하는 것은 어떨까요?

 칭찬의 기술

　잘못된 칭찬은 의사소통의 걸림돌이 되고, 아이를 두렵게 만들 수 있습니다. 자녀가 어려운 일에는 도전하지 않고 자신의 능력보다 쉬운 것만 지속적으로 하며 칭찬에 집착하는 모습을 보인다면 자신의 칭찬 방식이나 학교 선생님의 칭찬 방식에 대해 돌아보아야 합니다. 바꿀 수 없는 타고난 기질이나 결과에 대한 칭찬은 금물입니다. 노력과 과정에 대한 칭찬을 해야 해요. 가장 좋은 칭찬은 깊은 관심에서 비롯된 진실된 칭찬입니다.

09

스마트폰,
적과의 동거

한 통신사의 시스템 오류로 인해 반나절 동안 핸드폰으로 전화는 물론이고, 인터넷 연결도 안 되었던 적이 있습니다.

사람들은 서로 연락이 되지 않아 우왕좌왕하고 콜택시, 택배 등의 핸드폰이 필수인 직업인 분들은 큰 손해를 입었죠. 그뿐만 아니라 스마트폰 만지는 것이 취미인 많은 사람들이 답답해했는데요.

　핸드폰, 특히 스마트폰은 생활의 필수요소입니다. 하지만 그만큼 스마트폰이 주는 문제점도 많은 것이 사실이죠. 디지털 기기에 대한 과도한 의존으로 전화번호, 사람의 이름 등을 기억하지 못하거나 계산능력이 떨어지는 디지털 치매 현상은 이미 대중화된 용어입니다.

　특히, 뇌가 덜 자란 아이들에게 스마트폰이 미치는 영향은 다양하고도 치명적인데요. 전자파의 자극과 잘못된 자세로 인해 성장에 악

영향을 미치는 것은 물론 뇌의 균형 있는 발달을 방해하고, 강한 자극에만 반응하는 '팝콘브레인'으로 만들기도 합니다.

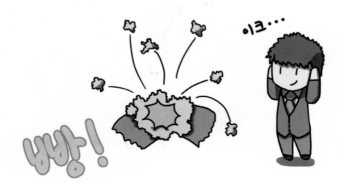

'서서히 끊는 것이 아니라 단번에 끊어야 한다', '8시 이후에는 와이파이 전원을 꺼버려야 한다'와 같이 스마트폰을 멀리하는 방법에 관한 이야기도 참 많은데요.

스마트폰, 어떻게 사용하는 것이 좋을까요?

가장 중요한 것은, 스마트폰 사용 문화입니다. 사실 스마트폰에 있는 기능 자체는 원래 TV, 컴퓨터로 다 하던 것이라 새로울 것이 없죠. 하지만 스마트폰이 손쉽게 모두 즐기는 문화가 되면서 '다른 아이들도 다 있는데'가 스마트폰 구매의 가장 큰 이유가 되었습니다.

하지만 학교에서 스마트폰의 사용을 허락하지 않는다면? 집에 와서는 스마트폰을 할 수 없는 환경이라면? 이야기는 달라집니다.

만약 엄마도 아빠도 집에 오면 모두 스마트폰을 들여다보고 있으면서 아이에게만 스마트폰을 쓰지 말라고 한다면 과연 설득력이 있을까요? 집에 들어오면 가족 모두 스마트폰 보관함에 폰을 넣어두고 꼭 필요한 연락만 정해진 장소에서 하는 환경을 만든다면 아이들의 올바른 스마트폰 사용에 도움이 될 것입니다.

스마트폰의 사용은 아이들만의 문제가 아닙니다. 부모님이 일관성을 가지고 함께 노력해야만 이 위태한 적과의 동거는 스마트한 해피엔딩을 가져다줄 것입니다.

 스마트폰 중독 이렇게 해결하세요

스마트폰의 인터넷 기능, 어플 등을 강제적으로 막는 여러 어플이 있습니다. 다양한 어플 중 가장 상황에 알맞은 어플을 활용해 보도록 해보세요. 스마트폰 없이 생활하는 시간을 한 달에 하루, 이틀이라도 온 가족이 가져보고 스마트폰 없는 시간을 힘들어하지 않는 것이 중요합니다.

TV 시청과 컴퓨터 게임의
득과 실

TV와 컴퓨터는 이제 우리 삶의 한 부분을 차지하고 있습니다. 하지만 불과 몇십 년만 거슬러 올라가도 TV와 컴퓨터는 어느 집에나 있는 전자제품이 아니었습니다. 그래서 청소년들의 삶에 깊숙이 침투한 TV와 컴퓨터가 어른들의 눈에는 더더욱 마뜩잖을 수밖에 없습니다.

하지만 현재와 미래의 직업은 미디어를 빼놓고는 생각하기가 어렵습니다. ICT Information Communication Technology 라고 불리는 정보통신기술의 활용 능력은 이제 현대인의 기본적인 역량이 되었습니다. 공부방에서는 TV와 컴퓨터를 퇴출해야 하지만, 집 안 어느 곳엔가는 자리할 수밖에 없지요. 따라서 득과 실을 알고 현명하게 활용하는 것이 중요합니다.

우선 만 2세까지는 TV를 보지 않게 하는 것이 좋습니다.『아이두뇌백과』에 의하면 만 2세 전의 아이들의 TV 시청이 언어 발달을 부진하게 만든다고 합니다. 아직 어린 아기들은 주의를 자신의 의지대로 돌릴 수 없기 때문에 TV의 밝은 색채와 빠른 화면 전환이 주의 집중 발달에도 악영향을 미치게 됩니다. 또한, 만 3세 이전 폭력물을 시청한 아이들은 ADHD에 걸릴 확률이 두 배가량 높습니다.

하지만 그 이후의 아이들에게는 지적 발달 단계에 맞는 교육 방송 프로그램을 보여주면 학습에 도움이 됩니다.

아무런 도움이 되지 않을 것 같은 컴퓨터 게임은 놀랍게도 주의 집중력의 향상에 도움을 줍니다. 특히, 부모님이 싫어하는 총격전 액션 게임이 반응 속도와 시각 주의력을 높여준다는 연구 결과가 나왔습니다. 이는 다양한 정보 중에 필요한 정보에 주의를 기울이는 연습을 게임을 하는 도중 몇백, 몇천 시간씩 하게 되기 때문입니다.

하지만 이러한 게임은 사회성을 떨어뜨리는 원인이 되기도 하는데요, 다른 사람의 감정적 신호를 인지하고 이해하는 능력을 떨어뜨려

타인의 고통에 둔감해집니다. 그렇기 때문에 더더욱 컴퓨터 게임에 관련해서는 부모님의 통제가 필요합니다.

TV와 컴퓨터의 기능이 스마트폰으로 넘어감에 따라서 TV를 보며 모바일 게임을 한다든지, 길을 걸으며 SNS를 하는 것과 같은 다중작업을 하는 경우가 많아지고 있습니다.

이러한 다중작업을 하면 잠깐은 시간을 효율적으로 쓰는 것 같이 느껴지지만, 길게 보았을 때는 단독작업의 효율을 떨어뜨리고 집중력을 저하시킵니다. 뇌는 한 번에 한 가지보다 많은 일에 제대로 집중하기가 어렵습니다.

이러한 사실들을 기억하고 TV, 컴퓨터, 휴대전화기를 지혜롭고 올바르게 활용한다면 우리 아이의 삶은 더욱 풍성해질 것입니다.

 행동을 변화시키는 대안 행동

　시끄럽게 뛰어놀거나, TV와 컴퓨터 게임을 너무 오래 하는 등 부모가 싫어하는 행동을 하는 아이에게 다른 행동을 제안하는 것을 '대안 행동'이라고 합니다. 시끄럽게 뛰어노는 아이에게 "들어가서 공부하면 나중에 놀아줄게."와 같은 대안 행동은 부모의 눈높이에서 제안하는 것이기 때문에 아이에게 매력적이지 않고, 행동의 변화를 일으키지 못합니다. 대안 행동은 아이에게 흥미를 끌 수 있고, 자신이 현재 하던 행동에 상응할 만큼 아이에게 가치 있는 일이어야 합니다.

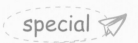

나만의 필살
노트 필기법

시험 기간만 되면 노트 필기를 잘하는 친구는 인기가 최고입니다. 어떻게 해서든 친구의 노트를 빌려 복사하기도 하고, 내가 미처 정리하지 못한 내용을 베끼기도 하지요.

서울대에 합격한 학생들은 대부분이 자신만의 노트 필기법이 있습니다. 예전에는 공부를 정말 잘하는 사람의 노트 필기를 찾아보기가 쉽지 않았는데, 지금은 인터넷에서 검색하면 노트 필기법에 대한 여러 가지 예시들을 찾을 수 있습니다. 하지만 다양한 예시들 속에서 자신에게 맞는 노트 필기법이 무엇인지 고민되기도 합니다.

노트 필기법은 계속 발전시켜야 하기 때문에 빨리 기본 틀을 잡아주는 것이 중요합니다. 처음부터 아주 잘한 필기법을 보면서 고민하기보다는 자신의 단계에 맞는 노트 필기법을 적용하여 수정해 나가는 것이 좋습니다.

이미 자신의 노트 필기법이 확고한 고수들이라면 괜찮지만, 초보들에게 **빽빽**한 노트 필기는 금물입니다. 여백의 미는 조상만 즐겼던 것이 아니라 우리의 노트 필기법에도 필요합니다. 노트의 반, 혹은 3분의 2정도만 필기를 하고 나머지 공간은 여백으로 남겨두기 바랍니다. 그리고 나중에 복습할 때 필기한 내용에서 파생되는 생각들, 문제들, 다른 이론들을 여백에다가 정리하는 것이 좋습니다.

노트 필기는 절대 선생님의 모든 말을 받아 적는 것이 아닙니다. 자신이 이해한 것을 이해한 만큼 자신의 언어와 기호로 표현할 수 있어야 합니다. 기호는 자신의 이해도를 표현하는 데 활용할 수 있고, 개념들 간의 관계를 표시할 수도 있고, 중요도를 나타낼 수도 있습니다.

겁먹지 말고 여러 기호를 과감히 써본 후 지속적으로 기억에 남고, 효율적인 자신만의 체계를 구축해야 합니다.

앞의 모든 단계를 달성했다면 이제 마지막 단계인 고급 단계입니다. 그림이나 도표는 그 자체로 고차원적인 지적 표현이며 정보의 집약이라고 할 수 있습니다. 그림이나 표는 그리기도 어려울 뿐만 아니라 무엇보다 그것을 해석할 수 있는 지적 능력이 뒷받침되어야 합니다. 따라서 처음부터 그림, 표를 너무 잘 정리하려고 하는 것은 욕심입니다. 처음에는 단순한 그림, 표밖에 정리하지 못하더라도 실망하지 말고 꾸준히 노력한다면 어느새 자신만의 노트 필기법을 가질 수 있을 것입니다.

아이의 미래는
공부방에 달려 있다

『행복은 성적순이 아니잖아요』라는 영화가 나온 지도 어느덧 20년이 넘게 흘렀다. 청춘영화를 보며 설레던 여고생도, 야자 시간에 몰래 교실 뒷문으로 도망치던 까까머리 남고생도 이제는 한 아이의 학부모가 되어 있을 것이다. 시간은 흘렀지만, 부모의 아날로그 감성이 묻어나는 학창시절이나 디지털 시대에 살아가는 현재 아이들의 학창 생활이나 별반 달라진 것은 없다. 어떻게 보면 수많은 사교육 시장이 범람하고, 대학을 졸업하고 각종 자격증을 따도 취직하기 어려운 현재 아이들이 어쩌면 그때보다 더 여유 없는 삶을 살아가고 있는지도 모른다. '행복은 성적순이 아니잖아요'라는 말이 아직도 현재의 아이들에게도 공감을 불러오는 것을 생각하면 성적과 시험, 대학입학은 여전히 아이의 학창 시절에서 중요한 요소가 되고 있다.

많은 학부모를 만나다 보면 시시각각 변하는 입시제도 속에서, 교육시장의 정보 홍수 속에서 혼란을 느끼고 계시는 분들이 많다는 것

을 알게 된다. 저마다 6주 완성, 족집게 총정리, 한 달 만에 수능 1등급 완성 등 들으면 솔깃한 자극적인 문구의 유혹 속에서 이것도 시켜야 하고 저것도 시켜야 할 것만 같은 딜레마에 빠지게 된다. 그러나 예나 지금이나 가장 중요한 사실은 변하지 않는다. 공부를 하는 주체는 바로 아이라는 사실이다. 아무리 좋은 선생님, 부모의 재력과 정보력이 뒷받침된다고 하더라도 아이의 공부를 대신해줄 수는 없다. 그런 아이의 공부를 위해 중요한 것들은 무엇이 있을까? 학교, 공부방, 학원, 과외 등 대답은 저마다 다를 수 있다. 하지만 분명한 사실은 학습지 하나를 선택하면서도 꼼꼼하게 살펴보는, 현명한 부모님들조차 아이의 공부방을 중심으로 한 공부환경을 어떻게 조성해주어야 하는지 모르는 분들이 많다는 것이다.

공부환경 관련 수많은 강의를 통해 학부모님들을 만나 오면서 그동안 궁금해하였던 사실들을 이 책에 담고자 노력하였다. 세 명의 저자가 치열하게 연구하고 논의하면서 아이의 공부환경을 위해 학부모가 꼭 필요한 내용을 쉽게 이해할 수 있도록 쓰고자 하였다.

이 책이 나올 수 있도록 힘써 주신 도서출판 생각나눔 대표님 이하 모든 직원분들, 그리고 자료 수집을 위해 많은 도움을 준 조훈희 님, 수십 번의 일러스트 수정 작업을 해준 디자이너 박철민 님, 이밖에 애써주신 많은 분들께 감사의 인사를 전하고 싶다. 무엇보다 수많은 도서 중에서 이 책을 선택해준 독자분들께 진심 어린 감사의 말씀을 드리고 싶다. 아무쪼록 많은 분들이 책을 통해 아이의 공부방에서 아이의 미래를 발견하는 멋진 경험을 하시길 바란다.

임한규, 정윤호, 강우리

공부환경조성

값비싼 교육비를 들여도 도무지 오르지 않는 아이의 성적!

문제는 교육의 질이 아니라
공부환경의 문제입니다!

공부를 방해하는 공부방 환경을 아이의 성향과
특성에 맞추어 최적의 공부방 환경으로 바꾸어 드립니다.

| 공부환경조성 사례

공부환경조성 Before

공부환경조성 After

올바른 공부환경조성은 아이의 성적은 물론
긍정적인 인성 발달도 많은 도움을 줍니다.

공부환경유형 진단검사

특허출원 2013-138120 등록

공부환경유형 진단검사는

내 아이에게 맞는 **공부환경**을 **조성**하기 위해
간단한 선택 **문항**만으로 **심리, 환경, 유형**을 진단하는
검증된 유형 진단검사 **프로그램**입니다.

간편한 선택형 문항검사

공부환경 유형별 그래프

각 유형별 미리보기

유형별 진단 설명

웰스터디만의 **정밀**한 유형 진단 검사 프로그램을 통해
맞춤형 공부환경을 **조성**하는데 활용해보세요.

웰스터디 홈페이지를 통하여 **체험**하실 수 있습니다

대표전화 : 02 - 6409 - 0007
홈페이지 : www.wellstudy.co.kr

강연

내 아이 **맞춤형 공부환경 조성**을 위한
공부방 꾸미기 달인되기 강연

- 우리 아이 공부방, 무엇이 문제인가요? -
- 공부에 집중할 수 있는 환경은 어떻게 조성하나요? -
- 아이의 공부방이 편안하면 공부가 잘되나요? -
- 집중력 높이는 공부방을 만들려면 어떻게 해야 하나요? -

공부방에 대한 **궁금증**! 모두 속 시원히 **해결**해 드립니다!
웰스터디 **임한규 대표**가 들려주는 공부방 꾸미기 **시크릿** 강연!
내 아이의 **성적**이 **쑥쑥** 올라가는 공부방 꾸미기 **노하우**를 알려드립니다.

웰스터디 '공부방 꾸미기 달인되기' 강연을 통해
아이의 성적과 공부환경을 변화시킬 시키는 노하우를 확인하세요.

공부환경조성 전문가 자격증

학습, 심리, 인테리어, 환경 이 모든 것을 설계하는
웰스터디 **공부환경조성** 전문가는 어떻게 될 수 있을까요?

간단합니다!
공부환경조성전문가
1급/2급/3급 자격 과정이 있습니다!

교육부 2014-3561 등록

교육내용

- 공부환경컨설턴트는 공부환경에 대해 연구하고 활동하는 전문가입니다.
- 학생이 공부할 때 집중에 영향을 미치는 공부환경 요인을 분석하고,
  최적의 환경 설계 방법 등에 대해서 교육받습니다.
- 웰스터디 공부환경조성전문가로 활동하기 위해서는 해당 교육과정을 이수해야 합니다.
- 교육부에 등록된 민간자격 '공부환경조성전문가' 자격증이 발급됩니다.

추천합니다

- 전문적인 공부방 조성 방법을 배우고 싶은 분
- 공부환경컨설턴트로 활동하시고 싶은 분
- 새로운 직업을 꿈꾸고 있는 분
- 공부환경 조성 전문 강사로 활동하시고 싶은 분

보다 자세한 내용은 웰스터디 홈페이지를 통해 확인할 수 있습니다

책상위치만 바꿔도
아이 성적이 달라진다

펴 낸 날 2014년 11월 17일

지 은 이 임한규, 정윤호, 강우리
일러스트 박철민
펴 낸 이 최지숙
편집주간 이기성
편집팀장 이윤숙
기획편집 주민경, 윤은지, 김송진
표지디자인 신성일, 박철민
책임마케팅 임경수
펴 낸 곳 도서출판 생각나눔
출판등록 제 2008-000008호
주   소 경기도 고양시 덕양구 화중로 130번길 24, 한마음프라자 402호
전   화 031-964-2700
팩   스 031-964-2774
홈페이지 www.생각나눔.kr
이 메 일 webmaster@think-book.com

• 책값은 표지 뒷면에 표기되어 있습니다.
  ISBN 978-89-6489-324-1 13370
• 이 도서의 국립중앙도서관 출판 시 도서목록(CIP)은 서지정보유통지원시스템 홈페이지
  (http://seoji.nl.go.kr)와 국가자료공동목록시스템(http://www.nl.go.kr/kolisnet)에서
  이용하실 수 있습니다(CIP제어번호: CIP2014030626).